행복하지 않아서  바꾸려고 합니다

행복하지 않아서
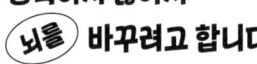 바꾸려고 합니다

펴낸날 2025년 7월 7일 1판 1쇄

지은이 손정헌
펴낸이 金永先
편집 이교숙
디자인 타입타이포

펴낸곳 더페이지
주소 경기도 고양시 덕양구 청초로 10 GL 메트로시티한강 A동 20층 A1-2002호
전화 (02) 323-7234
팩스 (02) 323-0253
출판등록번호 제 2-2767호

ISBN 979-11-94156-22-2 (03190)

더페이지와 함께 새로운 문화를 선도할 참신한 원고를 기다립니다.
이메일 dhhard@naver.com (원고 투고)

- 이 책은 저작권자와의 계약에 따라 발행한 것이므로 본사의 허락 없이는 어떠한 형태나 수단으로도 이 책의 내용을 사용하지 못합니다.
- 파본은 구입하신 서점에서 교환해 드립니다.

행복하지 않아서 뇌를 바꾸려고 합니다

뇌과학이 증명한
삶의 변화를 이끄는
감정 설계

손정헌 지음

더페이지

프롤로그

지금 당신의 감정이, 당신의 인생을 결정한다

◦ 내 삶은 왜 불만족스러울 수밖에 없는가?

우리는 모두 자신만의 소중한 꿈이 있다. 나름대로 열심히 노력했고 치열하게 살아왔다. 하지만 되돌아보면 삶이 원하는 대로 흘러간 적은 거의 없다. 안타깝지만 대부분의 사람은 꿈을 이루지 못했고, 앞으로도 이루지 못할 가능성이 크다. 잔인하게 들릴지 모르지만, 이것이 현실이다. 지금까지의 삶이 그것을 증명하지 않았는가? 자기 자신이 자신의 인생을 입증하는 증인이다.

삶은 원래 행복하지 않은 것이다

우리가 행복을 느끼는 순간이 얼마나 될까? 목표를 이루었을 때? 돈을 많이 벌었을 때? 사랑하는 사람을 만났을 때? 하지만 그런 특별한 순간들은 인생 전체에서 보면 극히 일부에 지나지 않는다. 설령 그것들을 성취했다 해도, 그 기쁨은 오래가지 않는다. 곧 더 큰 만족을 향한 비교와 갈망이 시작되고, 끝나지 않는 결핍이 다시 삶을 잠식한다.

결국 또 다른 고통은 언제나 찾아오기 마련이다. 그래서 이 세상에 고통 없이 살아가는 사람은 단 한 명도 없다. 왜냐하면 고통은 우리가 태어나 살아가는 한, 반드시 마주하게 되는 삶의 기본값이기 때문이다. 현실에서의 행복은 어쩌면 잠시 스쳐가는 착각일 뿐이고, 고통은 우리가 피할 수 없는 존재 조건이다.

인간은 후회할 운명을 타고났다

인간은 자신이 죽는다는 것을 모른다. 안다고 말하지만, 그 행동을 보면 모른다는 게 분명하다. 엄청나게 시간을 낭비하며 마치 영원을 살 것처럼 행동하기 때문이다. 그리곤 죽음의 순간이 다가오면 과거를 회상하며 '만일 나에게 다시 삶이 주어진다면, 보다 가치 있고 후회 없는 삶을 살 것이라고. 그때 망설였던 일들을 주저 없이 실천하고, 더 용감하게 도전하며, 더 많이 사랑할 것이라고….' 우리는 비슷한 후회를 되풀이한다.

그러나 죽기 직전에 후회할 그 중요한 일들을 지금 이 순간에도 여전히 하지 않는다. 그리곤 바보같이 인생을 후회하고 아쉬워할 것이다. 이것이 우리를 기다리는 운명이다.

시간은 매우 빠르게 흐르고 나는 머지않아 죽는다. 이 사실을 모르는 우리는 후회할 운명이다.

알면서도 변하지 못할 것이다

사실 우리는 어떻게 해야 하는지 이미 알고 있다. 수많은 자기계발 서적과 강의가 넘쳐나는 세상이다. 그럼에도 우리는 그 이론대로 살지 못하고 의미 있는 변화에 번번이 실패한다. 작년에 실행하지 못했다면 올해도 실패할 가능성이 크다. 이미 머릿속 패턴이 그렇게 만들어졌기 때문이다. 우리는 새해의 다짐이 아니라 수십 년간 쌓아온 감정의 패턴대로 행동한다. 역사가 반복되는 것이 아니라, 인간이 반복하는 것이다. 인생은 결코 생각한 대로 살아지지 않는다.

우리는 자신을 모른다

모르는 것은 바꿀 수 없다. 잘못 알고 있다면 잘못된 처방이 나올 수밖에 없다. 우리가 그렇다. 자기 자신을 제대로 알지 못한 채, 멋대로 진단하고 판단한다. 마치 운전법도 모르면서 일단 차를 끌고 나가는 무면허 난폭운전자와 같다. 우리는 자신을 이성적이고 논리적인 존재라 믿지만, 그건 완전한 착각이다. 우리는 알고도 행동하지 않고, 원하면서도 변하지 못하는 존재들이다. 그러니 원하는 곳으로 갈 수도 없고, 만족스러운 삶을 살 수도 없다. 이것이 우리의 실상이다. 우리는 자신에게 너무도 무식하다.

내 인생이 엉망진창인 이유는 잘못 느끼고 있기 때문이다

 그렇다면 인생의 결론은 자신을 알지 못한 채 행복하지 않은 지루한 삶을 반복하다가 결국 후회하며 죽을 운명인가? 생각만 해도 끔찍하다. 아무도 그런 삶을 원하지 않는다. 다행히 인간은 자신을 바꿀 능력을 가지고 있다. 그것은 단 한 가지, 바로 '감정'을 바꾸는 일이다.

인간은 감정의 동물이다

 과학이 밝혀낸 인류의 집단지성에 따르면, 인간은 300만 년에 걸친 생존의 과정 속에서 '감정의 생물'로 진화해 왔다. 인간은 감정의 동물이다. 핵심은 여기에 있다. 감정이야말로 인간 존재의 본질이며, 인간을 이해하는 출발점 또한 감정에서 시작되어야 한다.

감정의 동물인 인간은 뇌를 사용할 때도 먼저 감정을 작동시킨다. 감정이 준비되지 않으면, 행동도 따라오지 않는다. 그래서 쇼핑도, 비즈니스도, 브랜드도, 스포츠도 본질은 감정에 있다. 인간 사회는 철저히 감정에 의해 움직인다.

아이폰을 구매하는 이유는 갤럭시와의 기능 차이를 잘 알아서가 아니라, 아이폰이 주는 감성적 만족감 때문일 수 있다. 해야 할 일을 미루는 것도, 두려움이라는 감정이 핑곗거리를 만들어 내기 때문이다. 명품 브랜드를 선택하는 이유는 인정받고 싶은 감정적 욕구를 충족시키기 위해서다. 봉사활동을 지속할 수 있는 것도, 그 안에서 느껴지는 뿌듯함과 보람 덕분이다. 만약 남을 돕는 일이 괴롭기만 하다면 누구도 자발적으로 봉사하지 않을 것이다.

정치적이든, 종교적이든 설득이 통하지 않는 이유는 논리의 부족이 아니라 감정이 받아들이지 않기 때문이다. 밥을 먹는 일도, 연애를 하는 것도, 책을 읽는 것도 결국은 감정이 움직이는 결과다.

그렇게 느끼니까 그렇게 행동한다

우리가 하는 모든 일은 '느끼기 위함'이다. 인생의 의미란, 행동을 통해 감정을 느끼기 위함이다. 목표를 달성하고 도전에 성공했을 때 우리는 말로 다 표현할 수 없는 짜릿한 감정을 느낀다. 우리의 의사결정에는 감정에 의한 의미 부여가 반드시 필요하다. 우리의 모든 선택은 감정이 한다.

지금 내 모습이 마음에 들지 않는다면 감정이 잘못되어 있는 것이다. 우리는 느끼는 대로 행동하기 때문에, 삶을 바꾸고 싶다면 먼저 '다른 감정'을 느껴야 한다.

감정을 바꾸면 나에게 무슨 일이 일어날까?

변화를 원한다면 감정 뇌를 제어하고, 원하는 감정을 스스로 만들어 낼 수 있어야 한다. 왜냐하면 지금까지 내 삶을 망쳐온 대부분의 문제는 감정에 치우친 잘못된 결정에서 비롯되었기 때문이다. 감정이 활개를 치면 이성은 마비된다. 이성과 감정의 싸움은 무조건 감정이 이긴다. 이것이 지금 내 머릿속 뇌의 작동원리다.

그래서 이성 뇌인 전두엽은 감정 뇌가 멈췄을 때야 비로소 활성화된다. 전두엽이 활성화되면 우리 뇌는 문제를 해결할 방법을 찾는다. 다시 말해 감정을 통제하면, 지금 내가 걱정하는 문제들에 대한 해결책을 찾을 수 있다는 뜻이다. 그러면 감정적 결정에 후회할 일을 현저히 감소시키고, 최선의 결정을 내리게 된다. 최선의 결정이 항상 성공하지는 못할지라도 성공은 이런 결정들을 토대로 나온다. 그리고 무엇보다 감정은 더 이상 내 발목을 붙잡거나 내 길을 가로막지 않을 것이다. 오히려 감정의 긍정적 에너지가 나를 지지하고, 포기하지 않도록 이끌어줄 것이다. 성공할 수 있는 시도를 멈추지 않게 되고, 결국 성공을 만들어 내게 될 것이다. 이것이 바로 진정한 '마음의 힘'이다.

감정이 바뀌면 나는 이렇게 변할 것이다

- 게으른 나와 작별하고 매번 실패했던 계획을 더 이상 미루지 않고 열심히 실행할 것이다.
- 아이들과 남편(아내)에게 짜증 내지 않는 엄마(아빠)가 되어 가족과 더 많은 사랑을 나눌 것이며, 관심과 노력을 기울일 것이다.
- 공감하고 소통하는 좋은 리더가 될 것이며, 사람들의 마음을 모아 문제점을 해결하면서 회사를 빠르게 성장시킬 것이다.
- 좋은 동료가 되어 적극적인 의사소통과 성취감을 느끼면서 회사 생활이 즐거워질 것이다.
- 지금의 상황에 좌절하지 않고 새로운 방법을 다시 시도할 수 있는 용기와 힘을 얻어 삶을 일으킬 것이다.
- 손님들에게 친절하고 내 일을 더욱 사랑함으로써 매출이 증대될 것이다.
- 스트레스로부터 자신을 방어하고 부정적인 생각을 몰아내고,

두려워하거나 화를 내는 대신 해결 방법을 생각할 것이다.
· 결정적 상황에 충분히 숙고하고, 감정적이지 않은 최선의 판단을 내릴 것이다.
· 마음의 여유가 생기고 사회를 생각하고, 환경을 생각하는 더 좋은 사회구성원이 될 것이다.
· 주위 사람들을 챙기고 좋은 에너지를 주어 밝고 인기 있는 사람이 될 것이다.
· 세상을 사랑하고 세상으로부터 사랑받는 존재로 바뀔 것이다.

내가 원하는 모습으로 갈 수 있는 길이 있다. 나에게 필요한 것은 성공하는 방법론이 아니라, 성공으로 갈 수 있는 '마음의 힘'이다. 성공하는 방법에는 사람마다 다양한 해법이 있지만, 공통점은 마음의 힘이다. 그리고 그 힘은 감정에서 나온다. 당장 감정을 바꾸는 기술을 습득하고 후회할 운명을 바꿔라. 늦으면 늦을수록 내 인생은 손해를 보는 중이다.

다르게 느끼면 다른 사람이 될 것이다

우리는 모두 간절히 변화를 원한다. 답답하고 불만족스러운 현실을 벗어나 행복하고 새로워진 나의 모습을 강하게 희망한다. 우리는 또한 알고 싶어 한다. 내가 누구인지, 무엇을 진짜로 느낄 수 있는 존재인지를. 자신의 가치를 깨닫고, 더욱 활기차고 아름다운 존재로 거듭나길 바란다. 지금 이 순간, 우리는 절실하게 '다른 감정'을 느끼고 싶어 한다.

무엇을 느끼고 싶은지 결정하라

이 책은 그것에 대한 이야기다. 인생을 변화시키는 유일한 열쇠, '감정'을 다룬 이야기다. 원하는 삶을 살기 위해서는 자신의 감정을 이해하고 관리하는 법을 깨달아야 한다. 그리고 단언컨대, 삶을 실질적으로 바꿀 수 있는 길은 이것뿐이다. 다른 방법은 없다.

우리의 미션과 비전, 꿈과 희망, 신념과 내 인생의 두근거림은 모두 감정이 만들어 낸다. 물론 감정을 바꾸고 제어하는 일은 결코 쉽지 않다. 쉬웠다면 이미 모두가 원하는 인생을 살고 있었을 것이다. 하지만 불가능한 일도 아니다. 이제 우리는 그 길을 함께 걸어갈 것이다.

지금 바로 시작하자. 그리고 절대 포기하지 마라. 자신을 극복하고 완전히 다른 사람으로 변신한 주인공이 되어라. 호르몬의 결정권을 내가 가져라. 내 의지와 상관없이 감정에 휘둘리도록 자신을 내버려 두지 마라. 지금까지 자신을 방치한 것을 스스로에게 미안하게 생각하고 사과하라. 그리고 당장 바꿔라.

신데렐라가 되어라. 이 책이 당신의 대모 요정이 되어 줄 것이다.
루크 스카이워커가 되어라. 여기 당신을 인도할 요다가 있다.
프로도가 되어라. 간달프가 함께할 것이다.

감정을 바꾸는 것만으로 내가 얼마나 달라질 수 있는지를 알게 된다면, 전혀 다른 인생이 펼쳐질 것이다. 이제 진짜 '나'를 느낄 시간이 왔다. 확신하건대, 느끼는 방식이 달라지면 당신이라는 존재도 달라진다.

이제 어떤 감정을 경험하고 싶은지 선택하라. 함께 여행을 떠날 시간이 되었다!

저자 손정현

 **차례**

프롤로그 지금 당신의 감정이, 당신의 인생을 결정한다 · 8

 **1부 지금의 나로서는
절대로 원하는 인생을 살 수 없을 거야**

내가 게으른 건 별로인 기분 때문이었어

해야 되는 건 알겠는데, 하기 싫은 걸 어떡해? · 25
성공의 비밀? 그들이 관리한 건 감정이야 · 31
세상은 이미 내가 감정적인 걸 알고 있어 · 35

감정의 뇌가 머릿속을 지배한다

뇌를 모르면서 자신을 어떻게 알아? · 41
감정의 강아지들이 나를 지배하고 있다 · 46
스트레스받은 뇌, 내 삶을 결정하는 이유 · 52

살아가는 게 왜 이렇게 고통스럽지?

- 원하는 삶을 살지 못한 건 결국 나 때문이었다 · 58
- 나를 고통스럽게 만드는 생존 프로세스 · 64
- 내 삶은 지금 걱정에 집중하는 중 · 68

2부 나를 바꾸고 싶다면, 다르게 느껴라

나도 몰랐던 내 마음의 설계도

- 내 마음속이 이렇게 생겼어? · 75
- 내 인생은 어떻게 만들어지고 있을까? · 79
- 인생을 만드는 방정식이 있다고? · 86
- 내 마음의 작용 모델, 나는 이렇게 반응한다 · 92

필요한 감정을 만드는 멘털 관리법

- 지금 하고 있는 생각이 나를 만든다 · 98
- 원하는 감정을 만들기 위한 강아지 스킨십 · 104
- 두뇌 대화를 통해 나는 어떻게 진화할 수 있는가? · 110
- 마음속에 숨어 있던 감정을 내려놓자, 그들도 나를 놓았다 · 118
- 뇌 건강을 위해 꼭 알아야 할 뇌 관리 방법 · 124
- 나 말고 어디에 집중하고 있는 거야? · 128

명상으로 고통의 연결고리를 끊어라

- 가장 강력한 마음 기술, 명상 · 133
- 나를 괴롭히는 고통의 연결고리 그리고 명상 · 138
- 명상이 어떻게 고통의 기억을 치유할까? · 143
- 자신을 위해 매일 앉아라 · 148

뉴런을 바꾸는 강력한 책 읽기

- 책 읽기가 뇌의 연결을 바꾼다 · 154
- 내가 만나는 또 하나의 세상 · 159
- 책 읽은 게 기억이 안 나 · 162

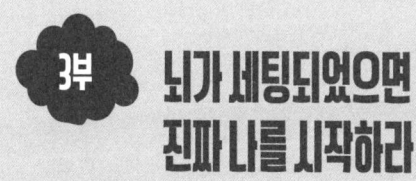

3부 뇌가 세팅되었으면 진짜 나를 시작하라

'뭐 하고 살지?' 답을 찾는 방법

- 감정이 만드는 미션: 내 인생에도 사업계획서가 필요해 · 169
- 뇌에 각인되는 스토리보드 만들기 · 178
- '좋은 생각 알고리즘' 만들기 · 185
- 행동을 만드는 순환 패턴 · 192
- 삶은 그래프처럼 오르고, 휘고, 멈춘다 · 197

머뭇거림을 끊고 행동 버튼을 눌러라

- 행동하고 싶다면 뇌의 지지를 확보하라 · 205
- 행동이 만드는 새로운 감정의 순환고리 · 210
- 감정 에너지를 현명하게 활용하라 · 214
- 두려움의 허상, 세상은 너에게 관심이 없어 · 218
- 내 하루를 어떻게 움직일 것인가? · 222

생각의 틀을 바꾸면 삶도 바뀐다

- 인생은 다른 시간에, 다르게 피어난다 · 224
- 자본주의가 경쟁사회라고 누가 그래? · 229
- 죽음은 축복이다 · 233
- 꼭 그렇게 살아야 하는 건 아니야 · 238

에필로그 20년, 돌고 돌아, 결국 나로 향하는 길이었다 · 243
참고 문헌 · 250

1부

지금의 나로서는
절대로 원하는 인생을
살 수 없을 거야

우리는 이성적으로 판단한다고 믿지만,
실제로는 감정에 의해 행동이 좌우된다.
자신을 통제하고 있다는 착각 속에서 반복적인 후회와
무력감을 겪는다.
감정은 선택의 방향을 결정짓고,
삶의 의미를 구성하는 핵심 요소다.
감정이 사라지면 무엇이 중요한지조차 판단할 수 없게 된다.
따라서 삶을 바꾸려면 감정을 억누르기보다
이해하고 다루는 것이 먼저다.
감정을 주도할 수 있을 때,
비로소 우리는 인생의 주인이 될 수 있다.

내가 게으른 건
별로인 기분 때문이었어

○ 해야 되는 건 알겠는데, 하기 싫은 걸 어떡해?

해마다 12월이 되면 우리는 으레 '시간 참 빠르다'는 말을 절로 하게 된다. 그리고 올 한 해 내가 세웠던 계획들과 실제로 실천한 일들을 하나씩 떠올려본다. 하지만 마음은 그리 유쾌하지 않다. 계획한 대로 꾸준히 해낸 것이 거의 없기 때문이다. 영어 회화 교재에 꽂힌 책갈피는 여전히 절반도 넘기지 못했고, 다이어트를 결심하며 등록한 헬스장은 손에 꼽을 만큼만 갔다. 금연은 이미 오래전에 포기했고, 읽기로 마음먹은 책들은 방 한구석에 그대로 쌓여 있다. 그리고 오늘도 무심코 인스타그램을 열어보고 있다.

문제는 내년에도 올해와 다를 바 없는 계획들을 또다시 되풀이하게 될 것만 같은 불길한 예감이다. 더 씁쓸한 건, 이 낯익은 풍경이 올해만의 일이 아니라는 사실이다. 작년에도 그랬고, 재작년에도 다르지 않았다. 그리고 아마 별다른 변화가 일어나지 않는 한 내년이라고 해서 달라질 리 없을 것이다.

우리는 운동이 멋진 몸매를 만드는 데 필수적이라는 사실을 이미 잘 알고 있다. 운동이 가져다주는 이점도 줄줄이 말할 수 있다. 그럼에도 불구하고 내 몸은 침대에 누워 핸드폰을 만지작거리는 쪽을 택한다. 화면 속 멋진 몸매를 부러워하면서 말이다. 또한 술이 몸에 해롭다는 것을 머리로는 잘 알고 있다. 탄수화물과 설탕의 섭취를 줄여야 한다는 것도 알고 있지만, 야식 앞에서는 '내일부터'를 외친다. 하지만 그 '내일'은 좀처럼 오지 않는다.

몰라서 못 하는 것이 아니야, 모든 게 내 감정 때문이야

왜 이런 일들이 일상생활 속에서 수도 없이 반복될까? 왜 해야 하는 걸 알면서도 행동으로 옮기지 못하는 걸까? 나는 도대체 왜 이렇게 게으른 걸까?

그 비밀은 바로 '감정' 때문이다. 그렇다. 우리가 게으른 명확한 이유는 감정 때문이다. 해야 할 일을 하지 않는 이유는 단순하다. 하고 싶지 않기 때문이다. 다시 말해, 지금 기분이 내키지 않아서이고, 그 기분이 좀처럼 나아지지 않기 때문이다.

이게 무슨 소리냐고? 말 그대로 행동을 만들어 내는 것은 '감정'이라는 뜻이다. 모든 행동의 핵심은 '감정이 그것을 받아들이느냐'의 여부다. '감정 뇌'가 어떤 이유에서든 그것을 받아들이지 않는다면, 우리는 절대로 그것을 실천으로 옮기지 못한다. 반면, 감정 뇌가 받아들이는 일은 강력한 추진력으로 만들어 낼 수 있다. 이는 너무도 중요한 사실이지만 대부분의 사람은 이에 대해 진지하게 고민해 본 적이 없다. 이 원리를 깨닫지 못하면, 내 삶을 절대로 변화시킬 수 없을 것이다.

곰곰이 생각해 보자. 행동은 단순한 이해에서 비롯되지 않는다. 우리는 어떤 사실을 안다고 해서, 곧바로 그것을 실천할 수 있는 존재가 아니다. 흡연자에게 담배의 해로움을 아무리 이성적으로 설명해도, 그는 그 해악을 이해하고 동의하면서도 여전히 담배를 피운다. 침대에 누워 인스턴트 음식을 주문하는 이들이 운동의 필요성을 몰라서, 혹은 피해야 할 음식을 몰라서 그런 선택을 하는 것이 아니다. 우리가 반복하는 후회의 대부분은 무지에서 비롯된 것이 아니다. 아는 것과 행동하는 것 사이에는 늘 '감정'이라는 깊은 간극이 존재한다.

이 영역에서 이성의 뇌는 그저 조연일 뿐, 실질적인 결정권이 없다. 판단은 감정의 뇌가 내린다. 그리고 그 판단에 따라 우리는 자신이 그럴 자격이 없다고, 혹은 애초에 그럴 만한 가치가 없다고 느낀다. 그래서 필요한 지식을 충분히 알고 있음에도 불구하고, 우리는 끝내 그렇게 행동하지 못한다. 물론 하기 싫어도 움직이기는 한다. 직장에 가야 하거나, 학교에 가야 하거나, 혹은 누군가 총을 들이댄다면 하기 싫은 일도 할 수는 있다. 하지만 그것은 외부의 더 강한 힘이 감정을 억지로 억누르는 것이므로, 그 힘이 사라지면 행동도 사라진다.

이런 진실을 모른 채 우리는 인생을 환상 속에서 살고 있다. 바로 자기 자신에 대한 근거 없는 환상 말이다. 우리는 자신이 이성적이고 논리적이며, 비록 지금은 아닐지라도 자신의 상황을 통제할 수 있다고 생각한다. 감정보다 이성이 우위에 있고, 필요할 때면 언제든 감정을 다스릴 수 있으리라 생각한다. 그래서 지금은 단지 '때가 아니라' 안 하는 것일 뿐, 마음만 먹으면 언제든 할 수 있다고, 언젠간 내 인생의 주인이 될 수 있다고 자신을 다독인다.

이는 명백한 착각일 뿐이다. 그 착각 속에 머무르기 때문에 우리는 매년 같은 후회를 반복하고, 해마다 비슷한 새해 계획만 되풀이하는 것이다. 진실은 우리가 삶을 통제하기는커녕 감정의 지배를 받고 있다는 것뿐이다.

바로 이것이야말로 우리를 끊임없이 발목 잡는 근본적인 문제다. 다시 말하지만, 해야 할 일을 하기 싫게 만드는 진짜 원인은 다름 아닌 우리의 '감정'이다. 감정은 우리의 행동을 가로막고, 미루게 하며, 결국에는 게으름으로 이어지게 만든다. 말하자면, 우리 내면의 감정 뇌가 주도권을 쥐고 제멋대로 행동을 흔들고 있는 셈이다.

감정이 사라지면 나도 사라진다

감정이 이토록 깊이 내 삶에 개입하고 있다면, 만일 감정을 사라지게 한다면 어떻게 될까? 그렇게 되면 감정 대신 이성적 판단으로 움직이지 않을까? 그럼 나는 이성적이고 합리적인 사람이 될 수 있을까?

신경과학자이자 뇌과학 철학자인 안토니오 다마지오 Antonio Damasio의 연구는 감정이 사라졌을 때 인간에게 어떤 일이 벌어지는지를 극명하게 보여 준다.

그의 환자 중에는 엘리엇 Elliot이라는 남성이 있었다. 그는 뇌에 생긴 종양을 제거한 이후, '감정을 느끼는 능력'에 이상이 생겼다. 다행히 인지 기능은 온전히 유지되었고, 지능지수 역시 여전히 높은 상태였다. 그러나 감정을 잃은 결과, 그는 결정을 내릴 수 있는 능력마저 상실하게 되었다. 심지어 사기를 당해도 큰 문제로 인식하지 않았으며, 큰돈을 잃는 일과 볼펜을 잃어버리는 일이 그에게는 거의 같은 무게로 느껴졌다. 그는 사안의 중요도를 구분하지 못했고, 모든 선택이 동등한 가치를 지닌 것처럼 보였다. 자신의 결정이 감정적으로 좋은 것인지 나쁜 것인지조차 분별할 수 없었다. 감정과 공감 능력을 상실한 그는 결국 삶의 균형을 잃고 말았으며, 정상적인 사회생활을 이어가는 것조차 불가능해졌다.

엘리엇의 사례에서 핵심은 그가 감정적 고통을 느끼지 못했다는 점이다. 그는 감정이 개입되지 않자, 어떤 일이 더 가치 있고, 어떤 것이 더 중요한지 순서를 만들 수 없었다. 예를 들어, 다친 사람을 구조하는 것과 짐을 옮기는 것 중 무엇이 더 중요하고 먼저 해야 하는 일인지 판단할 수 없다는 뜻이다. 여기서 우리는 감정이 개입되어야만 무엇이 중요한지 가치 판단을 구분할 수 있다는 것을 확인할 수 있다.

우리는 인생을 살아가며 판단하고, 계획을 세우고, 결정을 내릴 때마다 그 모든 과정의 바탕에는 감정이 부여하는 '의미'가 작용하고 있다. 따라서 감정 기능이 손상되면, 더 이상 인간답게 살아가는 것이 불가능해진다. 교토대학교의 사토 와타루 박사는 인간을 '무엇이든 감정을 필요로 하는 감정의 생물'이라 정의한 바 있다.

그렇다. 우리는 감정 없이 살아갈 수 없는 존재다. 그렇기에 삶을 진정으로 통제하고자 한다면, 핵심 키워드는 바로 '감정'이다. 감정은 사물과 상황에 가치를 부여하고, 우리의 선택과 행동을 이끌어 낸다. 우리가 의지력을 발휘하지 못했던 이유, 매번 계획대로 움직이지 못했던 원인도 결국 감정을 이해하지 못했기 때문이다. 따라서 감정을 어떻게 다루느냐에 따라 인생의 방향 역시 달라질 수 있다. 앞으로 우리는 감정에 대해 더 깊이 들여다보고, 필요할 때 원하는 감정을 어떻게 만들어 낼 수 있을지에 대해 이야기할 것이다. 그 여정을 시작하며 한 가지는 반드시 기억하자. 기분이 행동을 지배한다는 것, 결국 감정이 행동을 만들어 낸다는 사실을.

성공의 비밀? 그들이 관리한 건 감정이야

뇌를 연구해 온 수많은 과학자 덕분에 감정이 인간 행동에 얼마나 깊이 관여하는지는 이제 분명해졌다. 신경과학자 안토니오 다마시오는 인간을 '감정을 가진 사고 기계'가 아니라 '사고하는 감정 기계'라고 말했다. 뇌과학자 질 볼트 테일러 Jill Bolte Taylor 역시 '감정을 느끼는 사고형 존재가 아니라, 사고하는 감정형 존재'라고 표현하며 같은 관점을 강조했다. 결국 인간은 감정이 중심인 존재, 감정으로 움직이는 동물이라는 이야기다.

『신경 끄기의 기술』의 저자 마크 맨슨 Mark Manson 은 이 사실을 다소 거칠지만, 매우 직설적인 표현했다.

"우리는 미치광이 감정 뇌에 조종당하는 로봇이다."

제대로 말해 주지 않았거나, 그들도 몰랐거나

그렇다면 인간의 성장과 변화를 위해 가장 먼저 다루어야 할 주제는 '감정'이어야 한다. 감정을 제대로 이해하지 않고는 인간의 행동을 온전히 이해할 수 없기 때문이다. 하지만 많은 자기계발서가 여전히 감정의 중요성을 피상적으로만 다루고 있다. 책에서 제시하는 방식만 따르면, 누구나 성공할 수 있다고 장담한다. 명확한 목표 설정, 긍정적인 사고, 무의식의 재편 같은 기법들이 반복해서 강조된다. 그러고는 이렇게 외친다. "왜 행동하지 않는가? 망설이지 말고 당장 하라! 닥치고 지금 당장 시작하라!"

생각해 보면, 그들이 말하는 핵심도 결국은 감정이다. 긍정적인 생각을 하라는 말은 자신에게 '할 수 있다'는 믿음을 심어 좋은 기분을 만들어 내라는 뜻이다. 불타는 열망으로 목표를 이루라는 말도 욕구를 통해 감정을 자극하라는 것이다. 무의식에서 진짜 목소리를 꺼내라는 조언 역시 결국은 내가 진짜로 원하는 감정을 찾아내라는 말과 다르지 않다.

하지만 정말 많은 사람이 그렇게 해서 성공을 경험했을까? 도대체 무엇이 그들을 가로막는 걸까? 만약 그들이 사람들을 진심으로 변화시키고 싶다면, 먼저 '감정을 다루는 법'부터 알려 주어야 한다. 감정을 어떻게 회복하고 유지할 수 있는지 모른다면, 아무리 강한 구호도 공허하게 들릴 뿐이다. 불타는 열망도 감정이 따라주지 않으면 금세 꺼져버리고 만다.

감정을 관리한 사람들이 승리하는 세상

감정을 제대로 관리할 수 있다면, 삶은 분명 달라질 것이다. 지금까지 망설이며 놓친 기회들이 얼마나 많았는가. 그때 두려움 대신 용기를 냈다면, 지금의 삶은 전혀 다를 수 있었다.

성공한 사람들은 두려움을 용기로 바꿔 행동한 사람들이다. 그들에게만 좋은 아이디어가 있었던 게 아니다. 차이는 감정을 넘었느냐, 거기에 머물렀느냐.『이기는 습관』의 전옥표 저자는 열정 없이 이룰 수 있는 성공은 없다고 말한다. 그는 열정을 '돈도, 지식도, 기술도, 경험도 따라잡을 수 없는 불가사의한 힘'이라 정의했다. 이는 곧 감정의 힘이다. 그는 또 열정이 넘치는 조직이 되려면, 모든 구성원이 쉽게 공감할 수 있는 '미션'이 있어야 한다고 강조한다. 그리고 그 미션은 구성원의 가슴을 두드려야 한다고 말한다. 가슴을 두드린다는 것은 감정을 움직인다는 뜻이다. 결국 감정을 움직이지 못하면, 조직이든 개인이든 지속적인 성과를 낼 수 없다.

결과가 모든 것을 말해 주는 스포츠 세계에서도 결국 중요한 건 '마음가짐'이다. 마이클 조던, 코비 브라이언트, 드웨인 웨이드 등의 멘털 코치였던 팀 그로버 Tim Grover는 저서『멘털리티』에서 승부를 가르는 결정적 요소는 신체 능력이 아니라 '멘털'이라고 강조한다. 그는 자신과 같은 부류를 '클리너 Cleaner'라 불렀는데, 클리너의 자격은 재능이나 지능, 자산이 아니라 어떻게든 원하는 위치에 도달하려는 본능적인 욕구에 달려 있다고 말했다. 그것은 최고의 자리에 오르고, 그 자리를 지키며, 다음 목표를 향해 끊임없이 나아가려는 강렬한 감정이다. 그는 클리너들이 혹독한 과정을 견디면서도 결과의 짜릿함에 중독되어 있다고 했는데, 그 짜릿함만큼 강력한 감정은 없다.

러시아의 대문호 도스토옙스키 역시 감정적 각성을 계기로 전혀 다른 삶을 살게 되었다. 그는 내란 음모 혐의로 체포되어 사형을 선고받는 충격적인 경험을 한 후, 삶의 본질을 다시 바라보게 된다. 극적인 순간, 형 집행 직전에 감형이 결정되어 목숨을 건진 그는 동생에게 보내는 편지에서, 게으름 속에 흘려보낸 지난날을 떠올리니 심장이 피를 흘리는 듯하다고 절절히 고백한다.

이 강렬한 체험은 그의 내면에 깊은 정신적 전환을 일으켰고, 행동으로 이어지는 강력한 감정 에너지를 불러일으켰다. 이후 그는 그 힘을 바탕으로 죽는 날까지 집필에 몰두했으며 『카라마조프의 형제들』, 『죄와 벌』 등 인류 문학사에 길이 남을 작품들을 남겼다.

이처럼 세상에서 이뤄지는 모든 진정한 성공의 비밀 또한 '감정'에 있다. 성공한 이들이 궁극적으로 관리한 것은, 의식적이든 무의식적이든 바로 감정이었다. 감정이 내면에서 진격의 명령을 내리지 않았다면, 누구도 위대한 한 걸음을 내디딜 수 없었을 것이다. 감정이야말로 우리가 행동하고 앞으로 나아가게 하는 유일한 원동력이다.

이제 우리는 감정이 단순한 마음의 변화만이 아니라 행동에도 깊이 관여한다는 것을 이해했다. 이것이 왜 중요할까? 우리도 감정을 관리할 수 있다면, 그들처럼 성공할 수 있다는 의미이기 때문이다. 실천하지 못한 자신을 자책하는 데서 벗어나, 그 원인을 풀 수 있는 실마리를 찾은 것이다. 그 실타래를 찾아가다 보면 결국 게으름의 미궁을 벗어나는 출구를 발견하게 될 것이다.

이제 우리가 던져야 할 질문은 이것이다.

"어떻게 감정을 효과적으로 관리할 것인가?"

우리는 지금껏 감정에 따라 무의식적으로 반응해 왔다는 사실을 인식하고, 이제는 감정을 능동적으로 주도하기 위한 새로운 전략을 세워야 할 시점에 와 있다. '자기 인식의 시작은 자기감정을 이해하는 데 있다'는 말이 이제야 비로소 구체적이고 현실적인 의미로 다가올 것이다.

세상은 이미 내가 감정적인 걸 알고 있어

우리의 행동에 감정이 깊이 관여한다면, 결국 내가 스스로 만들어 내는 감정이 무엇보다 중요한 요소가 될 것이다. 하지만 만약 외부의 영향으로 인해, 내가 인식하지도 못한 채 감정이 조종된다면 어떻게 될까? 그 감정이 외부의 의도에 의해 형성된다면, 우리의 행동 역시 그 의도에 따라 움직이게 되지 않겠는가? 안타깝게도 세상은 이미 우리가 이성보다 감정에 더 쉽게 반응하는 존재임을 잘 알고 있다. 그래서 사람들은 끊임없이 우리의 감정을 겨냥한다.

그중에서도 가장 강력한 도구는 바로 소비를 유도하는 마케팅이다. 우리의 일상은 말 그대로 소비 마케팅으로 둘러싸여 있다. SNS를 하든, 길을 걷든, 지하철을 타든 시선이 닿는 모든 곳에 광고가 넘쳐난다. 그리고 이 광고들은 단순한 노출을 넘어서 우리의 뇌를 정조준하고 있다. 『95%의 법칙』의 저자이자 세계적인 광고 기획자 더글라스 밴 프랫Douglas Van Praet은 인간의 모든 행동은 고통과 쾌락이라는 두 가지 감정 축에 의해 동기부여가 된다고 말한다. 그리고 마케팅은 이 감정 구조를 활용함으로써 거의 모든 것을 가능케 한다고 주장한다.

인간의 감정에는 유쾌함과 불쾌함 사이의 스펙트럼이 존재하는데, 그의 표현은 결국 우리의 감정을 정면으로 공략하겠다는 선언이나 다름없다.

소비는 감정이야

『오감 브랜딩』의 저자 마틴 린드스트롬Martin Lindstrom 역시 마케팅을 '다양한 기술을 전략적으로 활용해, 이유는 잘 모르지만 그 상품이 꼭 필요하다고 느끼게 만드는 일'이라고 정의했다. 감성을 자극해 구매로 이끄는 것, 이것이 바로 마케팅의 본질이라는 것이다.

실제로 펩시콜라와 코카콜라를 블라인드 테스트하면, 많은 사람이 펩시콜라의 맛이 더 낫다고 평가한다. 논리적으로 보면 펩시콜라를 더 선호해야 할 것 같지만, 현실에서는 코카콜라가 압도적인 브랜드 선호를 얻는다. 이는 브랜드 선호가 합리성과는 무관하다는 뜻이다. 사람들이 코카콜라를 선택하는 이유는 실제로 더 맛있어서가 아니라, '맛있을 것 같다'는 감정 때문이다.

MZ세대에게 애플은 뇌에 각인된 강력한 브랜드다. 그들은 커피숍에서 사과 로고가 박힌 노트북을 열고, 하얀 이어폰을 꽂은 모습을 '힙한 라이프스타일'로 여긴다. 애플에는 스티브 잡스의 혁신과 세련된 디자인이 결합된 독특한 감성이 깔려 있다. 애플 제품을 사용하는 사람들은 이 감성을 공유하며 소속감을 느낀다. 그래서 번거롭게 신용카드를 따로 들고 다니면서도 삼성페이를 선택하지 않는다. 애플 고객은 단순한 소비자가 아니라 팬이자, 브랜드를 믿고 따르는 추종자다. 그들은 이제 애플의 생태계를 함께 만들어가는 지지자가 되었다. 결국 삼성 제품이 더 많이 팔릴지라도, 애플이 전 세계 시가총액 1위를 차지하는 이유 중 하나도 여기에 있다. 삼성이 '좋은 제품'을 만들었다면, 애플은 하나의 '종교'를 만든 것이다.

결국 마케팅의 궁극적인 목표는 소비자의 뇌에 각인되는 브랜드가 되는 것이다. 이를 위해 전 세계 수많은 기업이 사람의 뇌를 공략하려는 치열한 경쟁을 벌이고 있다. 왜냐하면 브랜드를 선택하게 만드는 결정적인 힘은 이성이 아닌 감정이기 때문이다. 더글라스 밴 프랫은 브랜드의 궁극적인 목표가 소비자의 무의식을 장악하고, 그들의 행동을 조종하는 데 있다고 말한다. 이는 결코 과장이 아니다. 실제로 우리의 현실은 이미 그 방향으로 조용히, 그러나 분명하게 움직이고 있다.

브랜드는 궁극의 감정이다. 그래서 우리가 좋아하는 브랜드는 감정 영역에 자리를 잡고, 우리를 움직이게 한다. 사람들은 브랜드를 통해 자신이 누구인지, 어떤 사람인지 드러낼 수 있다고 믿는다. 특히 소위 '명품'을 구매할 때 타인에 대한 우월감을 느끼며 브랜드를 통해 인정받고자 하는 욕구를 충족한다. 그래서 고급 브랜드는 언제나 모방하고 싶은 선망의 대상이 되는 것이다.

합리적으로 소비한다는 엄청난 착각

결국 우리의 소비도 감정으로 이루어진다. 소비자들은 필요한 것만을 합리적으로 구매하는 것이 아니라 필요하지 않은 것까지도 필요한 것 같은 착각에 빠진다. 그리고 그런 선택을 이성적으로 정당화한다. 즉, 감정에 의한 결정을 먼저 내리고, 그 이후에 이성적 논리로 결정을 합리화시키는 것이다. 그래서 마케팅은 감정을 자극한 뒤, 설득력 있는 이유를 함께 제시한다. 소비자는 이미 감성적으로 브랜드를 선택한 뒤, 왜 그 선택이 옳았는지를 설명해 줄 논리를 필요로 하기 때문이다.

"쇼핑은 감정입니다. 우리는 이성적인 판단을 하고 있다고 착각을 하는 것이지 결국 우리의 소비 습관을 지배하는 것은 감정이죠."

- 신경정신과 전문의 김병후, EBS 다큐프라임 〈자본주의〉 중에서

"나를 합리화시키고 내가 이렇게 많은 소비를 하고 있다는 걸 의식도 하지 못한 채 그저 마케터들이 던져주는 유혹에 끌려가는 그러한 노예와 같은 상태인 사람들이 훨씬 더 많습니다."

- 서울대학교 심리학과 교수 곽금주, EBS 다큐프라임 〈자본주의〉 중에서

세상을 움직이는 힘은 감정이다. 마케팅 전문가들은 바로 그 감정을 자극하고, 만들어 내는 사람들이다. "수량이 얼마 남지 않았다.", "이번에만 이 가격이다.", "다른 사람들은 다 갖고 있다."라는 말에 사람들은 지갑을 연다. 명품과 협업한 리미티드 에디션은 감정을 자극한 순간, 순식간에 완판된다.

그들은 우리가 무엇에 반응하는지 정확히 알고 있다. 이미 우리의 뇌 속 깊숙이 들어와 감정을 조정하고, 욕망을 자극해 소비를 유도한다. 아무리 논리적으로 생각해도 우리가 느끼는 바를 바꾸기는 쉽지 않다. 우리의 가치 판단은 논리나 이성이 아닌 '감정'으로

만들어지기 때문이다.

    이것이 우리가 살아가는 치열한 세상의 실체다. 스스로 생각하지 않으면 결국 남의 생각대로 살게 된다. 의식도 하지 못한 채 다른 사람들의 유혹에 따라 움직이게 되는 것이다.
    하지만 감정의 힘을 알기 시작했다면, 이제는 다르게 생각할 수 있는 길이 열렸다. 언제나 이용당하기만 하던 입장에서, 우리의 믿음을 변화시킬 수 있는 길이 열린 것이다. 그래서 여전히 우리의 질문은 '어떻게 감정을 잘 관리할 것인가?'가 되어야 한다. 내부적 요인이든 외부적 요인이든 간에 마찬가지다. 이쯤 되면 인생 질문을 찾은 것이다. 그리고 감정의 의미를 알고 있다는 것은 이전과는 다른 커다란 변화를 만들 준비운동을 마친 셈이다.
    이제, 본격적으로 우리의 감정과 마주할 시간이다!

감정의 뇌가
머릿속을 지배한다

○ 뇌를 모르면서 자신을 어떻게 알아?

감정을 본격적으로 파헤치기 위해서는 감정이 만들어지는 곳, 즉 '뇌'에 대해서 자세히 살펴볼 필요가 있다. 평소에 잘 떠올려보지 않았던 주제라 다소 어렵게 느껴질 수 있지만, 사실 우리는 지금껏 가장 중요한 것, 바로 나의 생각과 감정을 만들어 내는 '뇌'에 대해 너무 모르고 살아왔다.

무엇이 자신을 움직이는지도 모른 채, 원하는 방향으로 삶을 이끌 수 있을까? 물론 뇌에 대해 잘 모르고도 살아갈 수는 있다. 하지만 우리는 그저 살아가는 것이 아니라, 진정 원하는 삶을 만들고자 하는 것이다. 그렇다면 '진짜 나'를 만나기 위해서는 반드시 뇌를 이해해야 한다.

뇌는 나라는 생명체를 나답게 만드는 근원이자, 내 삶 전체를 이끄는 사령탑이다. 내가 누구인지, 왜 그런 선택을 하고 그런 감정을 느끼는지를 알기 위해서라도 뇌에 대한 이해는 필수적이다. 그러니 이제, 천천히 그리고 깊이 있게 뇌의 세계로 들어가 보자.

1,000조 개의 무한 네트워크

먼저 뇌에는 '뉴런'이라는 신경세포가 있다. 쉽게 말해 '생각하는 세포'라고 이해하면 된다. 우리가 뇌세포라고 얘기할 때는 보통 뉴런을 말하는 것이다. 뇌에는 뉴런이 1,000억 개나 존재한다. 그리고 각각의 뉴런에는 100~10만 개(평균 약 1만 개)의 시냅스가 뻗어있는데, 시냅스를 통해 정보를 주고받게 된다. 1,000억 개의 뉴런에 평균 1만 개의 시냅스가 있으니, 뇌에 있는 시냅스는 대략 1,000조 개나 되는 것이다. 이들이 상상을 뛰어넘을 정도로 복잡한 네트워크를 형성하면서 정보를 주고받는 것이 뇌의 활동이다.

우리는 뉴런 간의 연결방식이 바뀌어 감에 따라 의식을 형성하고, 지식을 습득하며, 감정을 느끼고, 생리적으로 반응하게 된다. 소위 학습이라는 것도 뉴런의 연결방식이 바뀌어 네트워크가 변화하는 것이고, 네트워크의 변화가 지속되면 그것은 '기억'이 된다.

결국 우리의 모든 것은 내가 뉴런을 어떻게 연결하느냐에 달려 있다고 봐도 무방하다. 또한 뇌는 잘 알려져 있다시피 좌뇌와 우뇌의 양쪽 반구로 구성되어 있다. 그리고 어떤 순간이든 양측 반구는 신경 체계의 입력과 출력에 모두 기여한다. 일반적으로 좌뇌는 이성적, 우뇌는 감정적이라는 인식이 널리 퍼져 있지만, 실제로 두 반구는 형태적으로 거의 동일하며, 모두 감정과 이성을 담당하는 기능을 가지고 있다.

이 개념을 가장 잘 정리한 인물이 바로 뇌과학자 질 볼트 테일러 Jill Bolte Taylor다. 그녀는 저서 『나를 알고 싶을 때 뇌과학을 공부합니다 Whole Brain Living』에서 뇌의 기능을 네 가지 캐릭터로 구분했다. 감정형 뇌는 캐릭터 2와 3, 사고형 뇌는 캐릭터 1과 4로 분류했다(앞으로 우리는 이 분류를 참조할 것이다).

감정 뇌가 먼저 자리 잡은 이유

뇌에는 감정을 담당하는 '감정형 뇌'와 이성을 담당하는 '사고형(이성형) 뇌'가 명확히 존재한다. 그런데 왜 감정이 이성을 압도하는 것일까? 이를 이해하기 위해서는 뇌의 진화 과정을 잠시 살펴볼 필요가 있다.

현대 뇌과학에 따르면, 인간의 뇌는 약 38억 년 전 태고의 생명체로부터 시작해 긴 진화의 길을 걸어왔다. 가장 먼저 형성된 것은 생명 유지에 필요한 연수, 뇌교, 중뇌를 포함한 뇌간과 소뇌로, 이는 흔히 '파충류의 뇌'라고 불린다. 그 위에 시상과 시상하부가 포함된 간뇌, 그리고 편도체와 해마체를 포함한 대뇌변연계가 덧붙여지며 욕구와 감정이 생겨났다. 이 부분을 '포유류의 뇌'라고 한다. (참고로 간뇌는 파충류의 뇌로 분류되기도 하고, 포유류의 뇌로 보기도 한다. 이는 학문적 편의를 위한 구분일 뿐이며, 실제로 사람과 포유류, 파충류의 뇌 구조는 기본적으로 비슷하다. 다만 크기에서 차이가 나고, 파충류는 대뇌신피질이 거의 없어 일반적인 기억 기능이 부족하고, 감정을 느끼는 대뇌변연계 또한 거의 발달하지 않았다.)

마지막으로 흔히 '새로운 뇌'라 불리는 대뇌신피질이 그 위를 감싸며 가장 나중에 출현했다. 전두엽, 측두엽, 두정엽, 후두엽이 여기에 해당하며, 이 영역이 바로 인간의 지능을 비약적으로 발달시킨 핵심 구조이자 인간과 동물을 구분 짓는 결정적 차이를 만들어 낸 부분이다.

이처럼 파충류의 뇌, 포유류의 뇌, 그리고 새로운 뇌는 모두 현재 우리의 뇌 속에 함께 존재하고 있다. 즉, 인간의 뇌는 완전히 새롭게 탄생한 것이 아니라, 기존의 뇌 구조 위에 새로운 층을 덧붙이며 겹겹이 더해져 만들어진 결과물이다. 그래서 지금도 우리 뇌 깊숙한 곳에는 최초에 생겨난 파충류의 뇌와 그 위를 이은 포유류의 뇌가 고스란히 자리 잡고 있다.

특히 뇌는 외부로부터 정보를 받아들일 때, 그것이 가장 먼저 감정의 뇌인 포유류의 뇌를 통과한 뒤에야 비로소 이성의 뇌인 대뇌신피질로 전달된다. 다시 말해, 우리의 뇌는 사고보다 감정이 먼저 반응하는 구조로 되어 있다는 점이 핵심이다.

왜 그럴까? 새로운 뇌인 이성의 뇌를 먼저 거치지 않는 이유는 무엇일까? 우리에게 이성의 뇌보다 감정의 뇌가 먼저 생긴 데는 이유가 있다. 감정은 동물이 생존을 위해 반드시 갖춰야 했던 기능이었고, 그래서 진화 과정에서 우리를 지배하게 된 것이다. 맹수가 나타났을 때나 다른 부족이 쳐들어왔을 때는 즉각적인 빠른 반응을 해야 목숨을 구할 수 있었다. 공포나 분노 같은 감정은 위험을 느껴 도망가거나 맞서 싸움으로써 생존을 위해 반드시 필요한 것들이었다. 생존보다 더 중요한 것이 있을까? 그러니 생존에 필요한 뇌 구조가 먼저 발달한 것은 너무도 당연하다. 그래서 『호모 데우스』의 저자 유발 하라리 Yuval Harari는 이렇게 말했다.

"당신의 감정은 저마다 힘난한 환경에서 무사히 생존하고 번식한 수백만 조상의 목소리다."

동물은 생존과 번식에 유리한 자극에는 쾌감을, 불리한 자극에는 불쾌감을 느끼도록 감정을 진화시켜 왔다. 그래서 300만 년 전 오스트랄로피테쿠스가 진화한 이후, 인간은 300만 년에 걸쳐 감정의 생물이 되었다. 감정은 인간의 삶에도 가장 근원에 자리 잡은 기본 메커니즘인 것이다. 그래서 오늘날 우리의 뇌 회로 역시 논리적인 사고 과정을 거치지 않고, 빠르고 즉각적인 감정적 반응을 먼저 하는 것이다.

뇌과학자 질 볼트 테일러는 이러한 이유로 "감정을 건너뛰거나 무시하려 할 경우, 가장 근본적인 차원에서 우리의 정신 건강이 제 궤도에서 이탈할 수 있다."라고 경고했다.

이것이 바로 뇌가 작동하는 근본 원리다. 생존에 직결되는 핵심적인 판단은 지금 이 순간에도 감정의 뇌에서 먼저 내려지고 있다. 우리가 받아들이는 모든 정보는 이성 이전에 원시적 뇌, 곧 감정의 뇌가 가장 먼저 반응하는 구조로 되어 있다. 따라서 감정이 인간에게 우선적이며, 인간을 '생각하는 감정형 생명체'라 정의하는 것도 이와 무관하지 않다. 지금 이 순간, 우리의 행동 역시 이러한 감정 중심의 뇌 구조 안에서 이루어지고 있는 것이다.

○ 감정의 강아지들이 나를 지배하고 있다

이제 뇌의 차원에서 왜 감정이 발달했고, 이성을 이길 수밖에 없는지 이해했을 것이다. 초점을 더욱 좁혀서 본격적으로 감정 뇌에 대해서 더 깊이 들어가 보자.

새로운 뇌인 대뇌신피질 안쪽에는 욕구와 감정을 조절하는 대뇌변연계, 즉 '포유류의 뇌'가 존재한다. 여기에는 편도체와 해마체, 띠이랑이 위치해 있다. 이들은 희로애락 등의 감정에 깊숙이 관여한다. 예를 들어, 편도체가 손상되면 공포를 느끼지 못하게 된다.

그 아래 위치한 간뇌에는 시상, 시상하부, 뇌하수체가 있으며, 이 중 뇌하수체는 호르몬을 조절하는 사령탑 역할을 한다. 호르몬이 신체에 미치는 영향이 큰 만큼, 간뇌 역시 감정에 중요한 영향을 끼친다. 이러한 구조들을 우리는 '감정 뇌'라고 부른다. 그리고 뇌는 좌우가 동일한 반구로 되어 있는 만큼 감정 뇌도 좌뇌와 우뇌가 있다.

질 볼트 테일러Jill Bolte Taylor의 분류에 따르면, 감정형 좌뇌는 주로 공포, 경계심, 도피나 투쟁 같은 반응에 관여한다. 반면, 감정형 우뇌는 믿음과 포용, 공동체 의식, 우호 같은 특성을 띤다. 보다 구체적으로 살펴보면, 감정형 좌뇌는 위협을 피하거나 맞서 싸우는 경향과 관련이 깊다. 이에 비해 감정형 우뇌는 공감의 정서에 기반한 태도와 연결된다. 물론 뇌의 기능은 여전히 밝혀지지 않은 부분이 많으며, 다양한 영역이 서로 긴밀하게 작용하기 때문에 좌뇌와 우뇌의 감정 영역을 명확히 구분하는 것은 쉽지 않으며 다양한 의견도 존재한다. 하지만 이 책에서는 유쾌와 불쾌 사이의 수많은 감정이 생성되는 감정 뇌를 개략적으로 이해하는 데 도움이 되도록, 설명의 편의를 위해 단순화하여 재해석하였다.

뇌 속에 살고 있는 두 마리 강아지

이를 좀 더 쉽게 이해하기 위해 지금부터 우리의 감정을 '강아지'에 비유해 보자.

혹시 학대를 당하다 버림받은 후 구조된 강아지 영상을 본 적이 있는가. 그 강아지는 두려움에 온몸을 바르르 떨며 사람을 무서워하므로 안심시키기 위해서는 조심조심 손을 뻗고 살살 쓰다듬어야 한다. 이처럼 잔뜩 움츠러들고 으르렁거리는 강아지가 바로 '감정형 좌뇌'다.

그 강아지는 모든 것에 조심스럽다. 무엇이 자신을 해칠지 모르기 때문이다. 항상 눈을 동그랗게 뜨고 귀를 쫑긋 세우고 경계를 늦추지 않는다. 외부의 무언가를 인지하면 이것이 안전한지, 위험한지 파악하느라 온 신경을 곤두세운다. 그리고 안전하다고 확신이 들지 않는 한, 꼬리를 흔들거나 다가서지 않는다. 뭐든지 비판적이고, 조금이라도 의심스러우면 숨어버리거나 으르렁거린다. 위험을 감지하면 이빨을 드러내고 마구 짖거나 달려들기도 한다. 강아지는 그것이 자신을 지킬 수 있는 길이라고 믿는다. 말하자면 '감정적 비판론자'로 정의할 수 있다.

반면, '감정형 우뇌'는 정신없이 나대는 강아지다. 넓은 잔디밭을 이리저리 뛰어다니고, 친구 강아지와 뒹굴고 온몸에 흙을 묻힌다. 주인에게 안기고 연신 핥아대다가도 다른 신기한 것이 보이면 빠르게 뛰쳐나간다. 발랄하지만 그만큼 이것저것 들쑤셔놓고 사고도 많이 친다. 하지만 어떤 강아지들하고도 잘 지내고, 어떤 사람이 다가와도 꼬리를 흔들고 배를 내어준다. 자신의 개껌이나 장난감도 다른 강아지와 같이 공유한다. 상대가 맹견이어도 아랑곳하지 않고, 모두가 자기를 좋아할 것이라고 믿는다.

강아지들이 날뛰면 생각을 망친다

지금껏 우리가 살펴봤던 감정의 진짜 실체는 바로 이 '두 강아지'다. 우리를 게으르게 하고, 용기 있게 행동하지 못하게 하고, 브랜드를 소비하게 만든 주범, 바로 우리의 기분을 좌지우지한 장본인이다. 해야 하는 건 알지만 망설였던 것은 좌뇌 강아지가 떨고 있었기 때문이다. 명품을 사게 만드는 건 우뇌 강아지가 뛰쳐나갔기 때문이다. 월드컵 경기를 보며 모두가 하나가 되는 것은 우뇌 강아지 때문이다. 학교 응원가를 부르며 가슴이 벅차오르는 것도 마찬가지다.

반면, 스포츠 경기에 졌을 때 우리 팀을 비난하거나 상대 학교와의 대결에 투쟁심이 생긴다면 이는 좌뇌 강아지가 으르렁거리기 때문이다. 애인이 뭘 해도 사랑스러울 때는 우뇌 강아지가, 애인의 행동이 마음에 들지 않을 때는 좌뇌 강아지가 나서는 때이다. 친구들과 다 함께 영원한 우정을 약속할 때는 우뇌 강아지가, 친구들의 험담을 할 때는 좌뇌 강아지가 짖는 것이다.

같은 상황에서도 두 강아지는 전혀 다르게 반응한다. 집값 하락에 공포를 느껴 서둘러 집을 파는 건 좌뇌 강아지가, 집값은 반드시 오른다며 뿌듯하게 집을 사는 건 우뇌 강아지가 작동한 결과다. 집값 상승에 좌절하고 포기하는 건 좌뇌 강아지의 반응이고, 지금은 못 사더라도 언젠가는 기회가 올 거라고 믿는 건 우뇌 강아지의 움직임이다.

얼핏 보면 우뇌 강아지가 더 좋아 보이고, 좌뇌 강아지는 부정적으로 느껴질 수 있지만, 실제로는 둘 다 폭주하면 심각한 문제를 일으킨다. 좌뇌 강아지는 지나치게 부정적으로 상황을 해석해 기회를 놓치기 쉽고, 우뇌 강아지는 근거 없는 낙관에 빠져 무모한 선택을 하거나 사기를 당할 수 있다. 무턱대고 일을 벌여 가족이나 팀을 곤란하게 만드는 사람들도, 결국 우뇌 강아지의 폭주가 원인일 수 있다.

이 두 강아지는 모두 나름의 중요한 역할이 있고, 그러므로 모두 사이좋게 지내고, 잘 보살펴야 한다. 둘 다 우리에게 필요한 존재들이며 동시에 이들을 잘 제어해야 한다. 이 강아지들은 시도 때도 없이 움직이며, 자칫하면 우리의 삶을 자기들 방식대로 끌고 갈 수 있다. 따라서 제어 없이 날뛰도록 내버려 둘 수는 없다. 이들이 통제되지 않은 채 반응하는 것은 곧 자신의 감정을 스스로 조절하지 못하는 상태를 의미한다.

앞으로 살펴보겠지만, 우리는 '뇌세포 간의 연결 구조를 바꿈으로써' 뇌 자체를 변화시킬 수 있는 능력을 가지고 있다. 이는 곧 우리에게 이 두 강아지를 제어할 힘이 있다는 뜻이다. 그리고 그 힘은 단지 가능성의 문제가 아니라 반드시 발휘해야 할 능력이기도 하다. 그동안 수없이 우리의 앞길을 가로막고, 생각의 흐름을 방해해 온 존재가 바로 이 강아지들이기 때문이다.

그리고 이 강아지들의 도움 또한 반드시 필요하다. 좌뇌 강아지가 있었기에 우리는 힘난한 야생에서 살아남을 수 있었고, 우뇌 강아지가 있었기에 타인과 교감하고 도움을 주고받을 수 있었다. 앞서 살펴보았듯이 감정이 사라졌을 때 인간다운 삶은 더 이상 가능하지 않다. 감정을 통해 우리는 사물에 가치를 부여하고 삶의 의미를 찾아가기 때문이다.

결국 중요한 것은 이 강아지들을 어떻게 잘 제어하고 돌볼 것인가다. 이들은 자칫 나를 물어버릴 수도 있지만, 반대로 가장 사랑스러운 동반자가 될 수도 있다. 그 선택은 전적으로 나에게 달려 있다. 스스로 뇌를 어떻게 쓰고, 어떤 감정을 만들어 내느냐에 따라 결과가 달라진다. 이들의 존재를 인식하고 이해하는 일은 우리의 생각과 행동을 바꾸는 데 매우 중요한 열쇠가 될 것이다.

° 스트레스받은 뇌, 내 삶을 결정하는 이유

이제 다시 그 두 마리 강아지를 떠올려보자.

우리는 우뇌의 강아지가 제멋대로 날뛰지 않도록 잘 다스려야 하지만, 동시에 떨고 있는 좌뇌의 강아지는 따뜻하게 보듬어주어야 한다. 특히 좌뇌의 강아지가 심하게 떨거나 짖기 시작하면, 우리의 몸에도 즉각적인 변화가 일어난다. 바로 심각한 '스트레스 반응'이 시작되는 것이다. 스트레스는 인간의 삶을 끊임없이 괴롭히고, 건강을 위협하는 가장 강력한 요인 중 하나다. 스탠퍼드 의과대학의 브루스 립튼$^{Bruce\ Lipton}$ 박사에 따르면, 전체 질병과 증상의 약 95%가 스트레스로 인해 발생한다고 한다. 말 그대로 스트레스는 현대인이 겪는 거의 모든 고통의 근원이라 할 수 있다.

좌뇌 강아지가 만드는 스트레스

그렇다면 스트레스는 왜 발동되는 걸까? 그것은 좌뇌의 강아지가 외부의 위험을 감지했을 때, 우리를 보호하기 위해 경고를 보내는 방식이기 때문이다. 예를 들어, 숲속을 지나가다 독사를 발견했다고 해 보자. 이때 좌뇌 강아지는 즉시 경보음을 울린다. 왜일까? 그래야 우리가 살아남을 수 있기 때문이다. 위험한 상황이 닥치면 좌뇌 강아지는 '이건 위험하다', '상대가 나를 해칠 수 있다'라며 끊임없이 경고를 보내는 것이다.

이러한 반응은 생존을 위한 지극히 자연스럽고 필수적인 작용이다. 문제는 이 경고음이 반복적으로 울리거나, 실제로는 위협이 없는 상황에서도 멈추지 않고 계속될 때다. 그럴 경우 우리 몸은 만성적인 스트레스 상태에 빠지게 되며, 이는 결국 심신의 건강에 깊은 해를 끼치게 된다.

스트레스를 받는다는 건 어떤 의미일까? 알렉산더 로이드Alexander Loyd와 벤 존슨Ben Johnson의 저서 『힐링 코드』에서는 이를 명확하게 설명한다.

스트레스 상황은 마치 우리 몸에 비상 사이렌이 울리는 순간과 같다. 비상사태가 발동되면 우리 몸은 위험 상황에 즉각 대처하기 위해 면역 체계를 포함하여 다른 모든 일을 멈춰버린다. 우리의 세포 역시 영양, 산소, 무기질, 필수지방산 등을 흡수하지 않으며 노폐물과 독소를 내보내지 않는다. 오직 위협에 즉각적으로 대처하기 위한 생존 활동만 유지되는 것이다. 왜냐하면 지금 당장의 생존이 가장 중요하기 때문이다. 비상 상황은 말 그대로 전쟁 상태와 다를 바 없다. 눈앞에 나를 위협하는 적군이 나타났다면, 밥을 먹거나 청소를 하거나 빨래를 하는 일 따위는 전혀 중요하지 않다. 이 순간 가장 중요한 것은 생존이다. 우리는 하던 모든 일을 멈추고, 심지어 먹고 있던 식사조차 내던진 채, 즉시 전투태세로 돌입해야 한다.

우리 몸도 마찬가지다. 스트레스가 발생하면, 박테리아나 바이러스, 곰팡이 제거, 암세포 파괴 같은 면역 체계의 기능은 일시적으로 중단된다. 소화가 제대로 이루어지지 않아도 상관없다. 가장 급한 일은 스트레스에 대처하는 것이기 때문이다. 이러한 생리적 반응은 스트레스가 해소된 이후, 다시 말해 전쟁이 끝난 뒤에야 비로소 정상으로 돌아온다.

그래서 우리 몸에 스트레스가 계속 쌓이면 단순한 소화불량을 넘어 각종 질병이 발생할 수 있다. 예를 들어, 세포에는 DNA의 손상을 복구하는 고유의 회복 메커니즘이 존재한다. 이 회복이 적절한 시점에 원활히 이루어진다면 큰 문제가 되지 않는다.

그러나 스트레스가 지속되어 회복이 제때 일어나지 않으면, 손상된 DNA 부위의 유전자는 정상적인 단백질을 생성하지 못하게 되고, 그 결과 비정상적인 세포가 증가하게 된다. 이로 인해 질병이 유발될 수 있으며, 심할 경우 암세포로 변이되기도 한다. _출처: 『세포의 모든 것』, ㈜아이뉴턴, 2016. 반면, 스트레스가 해소된다면 우리의 몸은 스스로를 회복시키는 강력한 치유 능력을 다시 작동시킬 수 있다.

뇌에 연결된 모든 것들

스트레스가 발생하면 우리의 온몸은 즉각 투쟁 상태에 돌입한다. 이러한 반응이 가능한 이유는 우리의 뇌가 신경계와 호르몬계를 통해 몸 전체와 긴밀하게 연결되어 있기 때문이다. 따라서 뇌가 받는 스트레스는 곧장 신체 전반에 실질적인 영향을 미친다. 스트레스 신호는 먼저 편도체에서 감지된 후, 시상하부와 뇌하수체를 거쳐 각종 스트레스 호르몬을 분비하게 된다. 또한 우리의 신경계는 뇌에서 척수로, 그리고 척수에서 온몸으로 뻗어있어 뇌의 반응이 전신으로 빠르게 전달된다.

우리 뇌의 대뇌변연계는 그 아래에 위치한 시상하부를 관장한다. 시상하부는 자율신경계를 관장하는데, 여기에는 교감신경과 부교감신경이 있다. 교감신경은 스트레스 반응을 유발하여 몸의 긴장 상태를 높이고, 반대로 부교감신경은 이 긴장을 완화시켜 스트레스를 낮추는 역할을 한다. 이러한 신경계는 심장, 폐, 간, 위, 췌장, 소장, 부신, 신장, 대장, 방광 등 우리 몸 구석구석과 연결되어 있다.

따라서 우리가 스트레스를 받는다는 것은 단순히 생각이 복잡해지는 문제가 아니다. 그 순간 뇌에서 시작된 반응은 즉각적으로 온몸에 영향을 미친다. 그리고 스트레스 상태에서는 당연히 일이 제대로 풀리지 않는다. 집중력과 판단력이 흐려져 업무 처리 능력도 떨어지고, 무엇보다 새로운 것을 배우거나 받아들이는 능력 자체가 크게 저하된다.

긴장과 불안으로 인해 뇌가 끊임없이 경계 태세에 놓이면 사소한 스트레스에도 과거의 부정적인 기억이 쉽게 되살아난다. 이때 기억회로가 과도하게 활성화되고 스트레스 호르몬이 분비되는 악순환에 빠지면, 학습 능력이 결여되는 것은 물론 자기 억제력이나 성격적 안정성에도 심각한 영향을 미치게 된다.

그래서 언어학자 스티븐 크라센Stephen Krashen은 우리가 언어를 습득하는 방식은 단 하나뿐이라고 말한다. 바로 '불안감이 낮은 환경'에서 '이해 가능한 입력'을 받을 때 언어가 자연스럽게 습득된다는 것이다. 그는 언어 학습에서 반복 학습이나 암기 같은 기술적 요소보다도, 심리적 안정감, 즉 불안감이 낮은 상태를 더욱 중요하게 강조했다. 그만큼 불안한 심리 상태는 새로운 배움을 가로막는 결정적인 장애 요인이 되기 때문이다.

스트레스는 우리의 모든 것을 가로막는 만악의 근원이다. 그렇다면 우리는 좋은 생각과 건강한 삶을 만들기 위해서 당연히 스트레스를 제대로 관리할 줄 알아야 한다. 이를 위해서는 좌뇌 강아지가 보내는 경고를 잘 들어야겠지만, 시도 때도 없이 과민하게 반응하는 좌뇌 강아지를 진정시키는 일 또한 그에 못지않게 중요하다.

좌뇌 강아지에 대해 많은 부분을 할애한 이유는 좌뇌 강아지가 활동하면, 다른 어떤 뇌의 기능보다 강력하게 작동하며, 우리의 모든 에너지가 이곳에 집중되기 때문이다. 그리고 무엇보다 이 강아지는 우리 삶에 매우 중요한 영향을 끼치기 때문이다. 그의 상태에 따라서 우리는 앞으로 나갈 수도 있지만, 두려움에 휩싸여 아무것도 못할 수도 있으며, 심지어 스스로의 몸과 삶을 파괴할 수도 있다.

우리는 본질적으로 감정의 동물이므로 좌뇌 강아지의 위력은 엄청나다. 그가 폭주해서 짖으면 이성의 뇌는 아무것도 하지 못한다.

이성과 감정이 싸우면 언제나 감정이 승리한다.

 이제 좌뇌 강아지의 습성을 알았으니 우리는 '자신의 작동법'에 대해서 중요한 원리를 한 걸음 더 이해한 셈이다. 이제 우리가 할 일은 이 강아지들과 친해지고, 그들을 잘 다스릴 수 있는 방법을 찾는 것이다.

살아가는 게
왜 이렇게 고통스럽지?

○ 원하는 삶을 살지 못한 건 결국 나 때문이었다

우리가 스트레스에 주목해야 하는 이유는 스트레스가 감정에 지대한 영향을 미치며 삶을 가로막는 핵심 원인이기 때문이다. 물론 적당한 수준의 스트레스는 삶에 필수적이다. 또 강도 높은 스트레스라도 일정 수준까지는 우리가 충분히 감당할 수 있다.

그러나 생명을 위협할 정도의 충격을 동반한 심각한 스트레스는 쉽게 잊히지 않는다. 뇌는 이를 생존에 관한 경고 신호로 간주하기 때문에 기억 속에 뚜렷하게 각인시킨다. 우리는 이것을 '트라우마'

라고 부른다. 트라우마의 기억은 워낙 강렬해서, 우리의 뇌 특히 좌뇌의 감정 처리 시스템(이른바 좌뇌 강아지)은 다음과 같이 결심한다.

'비슷한 상황이 다시 발생하면 반드시 이 기억을 꺼내 경고하자.' 한 번 더 그런 일이 생기면 정말로 생존이 위태로울 수 있기 때문이다. 그래서 좌뇌 강아지는 언제든지 "비상상황이야!"라고 외칠 준비를 하고 있다. 이것이 그 녀석의 가장 중요한 임무다.

이 때문에 우리의 마음은 트라우마를 어느 기억보다 훨씬 더 깊고 진지하게 간직한다. 그리고 좌뇌 강아지가 과거와 유사한 상황이라고 판단하는 순간, 우리 몸은 즉시 전시 상태로 전환된다.

피는 못 속인다. 이것은 누구의 감정인가?

혹시 나에게도 트라우마가 있을까? 정답은 '그렇다'. 단순히 가능성이 높은 수준이 아니라, 100% 확률로 존재한다. 이렇게 단언할 수 있는 이유는 트라우마가 세대를 넘어 유전되기 때문이다. 모든 인간은 조상으로부터 트라우마를 물려받는다. 우리의 뇌는 트라우마를 생존에 필수적인 기억으로 간주하기 때문에 이를 DNA에 각인된 형태로 후대에까지 전한다. 예를 들면, 오늘날 사람들은 뱀보다 자동차 사고로 훨씬 더 많이 사망한다. 그럼에도 불구하고 우리는 뱀을 보면 본능적으로 두려움을 느낀다. 반면, 매일 타고 다니는 자동차에는 거의 아무런 공포도 느끼지 않는다. 이 차이는 어디에서 비롯된 것일까? 바로 조상들이 생존을 위해 남긴 트라우마의 흔적 때문이다. 뱀을 보자마자 도망치게 만드는 경고 메시지, 그것이 대대로 전달된 것이다. (물론 개인의 경험에 따라 자동차에 대한 트라우마가 생길 수는 있다. 하지만 그것은 아직 '인류 보편적 트라우마'로 자리 잡지 못했다.)

이렇듯 지금 이 순간 내 안에는 조상들의 트라우마가 자리하고 있다. 먼 고대 조상들뿐만 아니라, 부모, 조부모 세대의 상처가 나에게 재활성화될 수 있다. 트라우마 유전 분야의 선구자이자 『트라우마는 어떻게 유전되는가』의 저자 마크 월린Mark Wolynn은 다음과 같이 말했다.

"가족들의 공포는 새로운 숙주를 찾아다닌다."

트라우마는 그것을 겪은 사람이 죽은 뒤에도 사라지지 않는다. 그 기억은 후손을 향해 이동한다. 실제로 많은 과학자는 트라우마가 한 세대에서 다음 세대로 유전된다는 수많은 증거를 밝혀냈다. 부모나 조부모가 겪은 고통과 상처의 기억이, 경험한 적도 없는 자녀에게 고스란히 전달되는 것이다. 그래서 원인을 알 수 없는 고통을 겪는 사람들이 생각보다 많다. 그 고통은 어쩌면 자신의 것이 아니라 조상에게서 유전된 감정일지도 모른다.

· 아우슈비츠에서 생을 마감한 할머니의 손녀는 극심한 불안장애와 조울증, 그리고 반복적인 자살 충동에 시달렸다. 그녀는

"곧 증발할 거야.", "내 몸은 몇 초 안에 소각될 거야." 같은 이해하기 힘든 말을 내뱉곤 했다.

· 9·11 테러를 직접 겪은 부모를 둔 자녀의 경우, 코르티솔 수치가 비정상적으로 낮은 것으로 나타났다. 이 수치는 외상후 스트레스 장애를 비롯해 다양한 스트레스 관련 정신 질환과 깊은 관련이 있다.

· 존재조차 몰랐던 삼촌과 연결된 기억은 조카의 꿈에서 되살아났다. 그녀는 공포를 동반한 불면증에 시달리며, '잠들면 다시 깨어나지 못할 것 같다'는 두려움과 설명할 수 없는 극심한 한기를 느꼈다. 훗날 알게 된 사실은, 그녀의 삼촌이 폭설 속 송전선 점검 중 동사했다는 것이었다. 『트라우마는 어떻게 유전되는가』 중에서

· 6·25 전쟁 당시 특수부대원이었던 아버지는 종전 이후에도 전쟁 트라우마에서 벗어나지 못한 채 알코올 중독으로 생을 마감했다. 그런데 그 전쟁 한참 뒤에 태어난 그의 딸은 아버지가 겪은 전장의 장면을 반복해서 꿈을 꾸었고, 이유를 알지 못한 채 오랫동안 정서적 고통을 겪었다. 『며느리 사표』 중에서

『어떻게 나로 살 것인가』의 저자이자, 세계적 라이프 코치인 '로

렌 헨델 젠더Lauren Handel Zander'는 이렇게 말했다.

"사람들의 삶을 들여다보면 볼수록, 그 반복성에 놀라지 않을 수 없다."

중독자 부모를 둔 아이들이 술을 멀리하며 자라지만, 결국 어른이 되어 부모나 조부모가 겪었던 것과 비슷한 문제에 직면하는 경우를 수없이 보아왔다는 것이다. 대물림되는 것은 유전자만이 아니다. 감정과 고통 역시 세대를 넘어 이어진다. 부모의 트라우마가 고스란히 아이에게 전달되면, 아이는 부모의 정서적 문제를 거울처럼 반영하게 된다. '피는 못 속인다'는 말은 유전된 외모만이 아니라 감정의 상처에도 그대로 적용된다.

우리는 왜 의도와 다르게 행동할까

트라우마는 단지 유전되는 것만은 아니다. 삶을 살아가는 과정에서, 우리는 스스로의 경험을 통해 트라우마를 만들어 내기도 한다. 아기의 죽음, 어머니의 무관심, 부모의 격렬한 싸움처럼 명백한 충격뿐 아니라, 어른의 눈에는 사소해 보이는 일, 예컨대 언니에게만 아이스캔디를 주고 자신에게는 주지 않았던 경험조차 어린아이에게는 깊은 상처로 남을 수 있다. 문제는 이러한 트라우마 기억들이 다시 활성화될 때, 우리의 반응은 지금의 이성적인 성인이 아닌,

그 당시의 아이 수준에서 작동한다는 점이다. 즉, 좌뇌의 '감정 강아지'가 비슷한 상황을 감지하면, 우리는 자신도 모르게 짜증이 나고, 화가 나며, 말이나 행동이 뜻하지 않게 엇나가게 된다. 그 감정의 원인을 현재의 상황 때문이라 생각하지만, 실은 과거의 기억이 되살아난 결과일 뿐이다.

우리는 왜 그런 감정이 드는지, 왜 그렇게 행동했는지 이성적으로 이해하지 못한 채, 단지 '내 성격이 원래 이런가 보다' 하고 넘기게 된다. 그래서 트라우마를 마주 보지 않고는 삶을 뜻대로 살아갈 수 없다는 것이다. 우리는 의도한 대로 말하고, 행동하고, 사랑하고 싶지만 감정이 우리를 이끈다.

좌뇌의 감정 시스템이 '버림받을 것'이라는 경고를 보내면, 우리는 멋진 데이트 이후에도 상처받을 것이 두려워 관계를 끊고 만다.

아이를 품은 엄마는 자신이 아이를 다치게 할까 봐 조마조마해지고, 스무 살 청년은 죽음에 대한 막연한 공포에 사로잡힌다. 어떤 사람은 이유도 모른 채 자신을 비하하거나, 자신은 불행하다고 믿으며 스스로를 괴롭힌다. 이 모든 것이 이성적으로는 말도 안 된다는 걸 우리는 알고 있다. 하지만 트라우마가 작동하는 순간, 이성은 무력해진다.

이성과 감정이 충돌할 때, 언제나 승자는 감정이다. 우리는 수백 가지의 트라우마 기억을 품고 살아간다. 그것이 유전이든, 자가 생성이든, 크든 작든, 예외는 없다. 그러나 희망은 있다. 대부분의 인간은 '회복 탄력성'을 지니고 있기에, 트라우마를 극복할 수 있는 힘이 있다. 다만 그 회복의 첫걸음은 감정의 정체를 분명히 아는 것에서 시작된다.

'너 자신을 알라'는 말은 결국 내 감정의 근원을 알라는 뜻이다. 그리고 우리는 그 감정을 이해하고, 바꾸고, 기분을 조절할 수 있을 때에야 비로소 원하는 방향으로 생각하고, 말하고, 행동할 수 있는 존재가 된다.

나를 고통스럽게 만드는 생존 프로세스

우리는 '존재'로서 이 세상에 태어난다. 그리고 살아 있는 동안 다양한 불행을 경험하며 결국 죽음에 이른다. 태어났다는 사실만으로도, 이제 고통과 걱정은 삶의 일부가 된다.

살다 보면 원하지 않는 일은 끊임없이 일어난다. 하나의 문제를 해결해도 곧 또 다른 문제가 얼굴을 드러내고, 목표를 이루고, 돈을 많이 벌고, 무언가를 소유하게 되어도 그 불안과 고통은 완전히 사라지지 않는다. 수만 번의 스트레스와 수만 번의 불안과 수만 번의 우울함과 수만 번의 가슴 통증을 느낄 것이다. 30대라면 60년을, 40대라면 50년을 더 이 감정들과 마주해야 한다. 100세 시대인 지금, 그보다 더 길어질지도 모른다. 고통은 마치 그림자와 같은 동반자인 것이다.

생존하라, 그것만이 최우선이다

'태어난 것이 고통'이라는 말은 결코 과장이 아니다. 이 광대한 우주 속에서 생명체로 태어난다는 일 자체가 매우 이례적인 현상이다. 대부분의 원자는 결코 생명이 되지 못한 채 존재한다. 그렇다면 묻지 않을 수 없다. 행운이자 축복이어야 할 생명으로의 탄생은 왜 고통이 되었을까?

진화의 과정은 다양한 생명체의 탄생과 동시에, 살아남기 위한 치열한 생존의 연속이었다. 잠시라도 방심하면 다른 생명체에 먹히기 일쑤였고, 어떻게든 오래 살아남기 위해 끊임없이 진화적 변화를 겪어야 했다. 최대한 오래 살아남아서 많은 유전자를 후대로 전달하는 것이 모든 생명체의 본능적인 목표였고, 생존의 모든 전략은 여기에 집중되었다. 이러한 배경 속에서 생명체는 감정을 담당하는 뇌를 먼저 발달시켰으며, 그 결과 스트레스 반응 체계 또한 함께 진화하게 된 것이다.

스트레스는 생존을 위해 필수적인 요소다. 생명에 위협을 느끼는 순간 우리 몸은 스트레스 반응을 만들어 도피하거나 맞서 싸움으로써 힘을 내고 적극 대처한다. 문제는 시도 때도 없이 계속 스트레스 상황에 놓이거나 필요치 않을 때조차도 스트레스 반응을 일으킨다면 우리 몸이 버텨내지 못한다는 것이다. 스트레스 상황은 곧 우리 몸이 전시 상태에 돌입하는 것과 같다. 이때 몸은 생존을 최우선으로 삼고 필요한 모든 에너지를 동원해 다른 기능들을 일시 중단시킨다. 당연히 이러한 상태가 지속되면, 스트레스는 결국 몸을 망가뜨리는 주요 원인이 된다.

그러나 이것은 우리 뇌에 프로그래밍된 생존 메커니즘이다. 따라서 우리는 앞으로도 끊임없이 스트레스를 만들어 내고 반복해서 고통스러운 상황을 마주하게 될 것이다. 우리의 뇌는 수백만 년에 걸쳐 이러한 방식으로 진화해 왔고, 앞으로도 같은 메커니즘을 계속 작동시킬 것이다.

고통은 결국, 내가 만들어 낸다

그래서 누구나 살아가며 다양한 고통을 겪게 된다. 그리고 고통 중 상당 부분은 사람과의 관계에서 비롯된다. 꼰대 직장 상사, 진상 고객들, 시기 질투하는 사람, 개념 없고 이기적인 사람들, 우리는 수많은 인간관계 스트레스에 시달린다. 그들을 떠올릴수록 화가 나고 스트레스를 받는다. 그런데 분명 잘못은 그들이 했는데, 정작 힘들고 괴로운 쪽은 나의 마음이다. 왜냐하면 내가 부정성을 일으키지 않고서 남에게 먼저 화를 낼 수는 없기 때문이다. 내가 일으킨 부정성은 나의 마음에서 먼저 불길이 일어나고, 자신을 먼저 괴롭게 만든다. 그래서 내가 만든 부정성의 첫 번째 희생자는 나 자신이다. 남을 해치려면 자신을 먼저 해쳐야 하는 것이다.

마찬가지로 누가 나를 욕한다면 그건 그 사람의 문제이지 내 문제가 아니다. 상대방은 나를 욕하고 시기하고 질투하느라 자신의 감정에 불을 지르는 중이다. 자신을 괴롭히고, 자신을 불태우고 있는 것이다. 그 사람은 부정성을 일으켜서 자신을 불행한 상태로 만든다. 그래서 사실 상대와 같이 화낼 필요는 없다. 내가 스스로를 비참하게 만들 이유가 없기 때문이다. 그건 전적으로 그 사람의 문제이니 누군가 나를 욕한다면, 그 사람은 그만큼 불행하다는 뜻으로 이해하면 된다. 굳이 같이 불 속으로 뛰어들 필요는 없다.

하지만 우리는 쉽게 그렇게 반응하지 못한다. 스트레스 반응은 상대를 싸워야 할 적으로 인식하게 만들고, 뇌는 즉시 온몸에 전투 명령을 내리며 내 마음에 먼저 불을 지른다. 결국 다른 사람에게 화를 내기 위해, 먼저 나 자신에게 화를 내는 셈이 된다. 그래서 우리는 자신을 해치지 말고, 오히려 자신을 보호하고 도와야 한다. 그러기 위해서는 우리 뇌의 반응 메커니즘부터 달라져야 한다.

고통을 해결하려면 원천으로 내려가야 한다

이처럼 원치 않는 일은 계속해서 일어날 것이다. 우리는 긴장하고, 부정적인 감정을 느끼고, 때로는 분노하게 될 것이다. 그러면 신체와 정신 모두가 긴장 상태에 빠진다. 이에 우리는 표면적인 긴장을 풀기 위해 애쓴다. 음악을 듣고, 하소연하고, 술을 마시고, 운동을 한다. 하지만 문제는 여전히 반복되고, 깊은 내면에서는 긴장이 끊임없이 지속된다. 결국 근본적인 문제는 해결되지 않고, 오히려 비참함만 증폭될 뿐이다.

왜냐하면 우리는 내면 깊은 곳에서 일어나는 진짜 작동 원리를 외면하고 있기 때문이다. 그래서 우리는 고통의 표면을 넘어서, 그 근원으로 내려가야 한다. 어디에서 부정성이 시작되었는지, 그리고 마음의 습관이 어떻게 고통을 만들어 내는지 알아야 한다. 그리고 앞으로도 우리는, 그 근원을 계속해서 찾아갈 것이다.

내 삶은 지금 걱정에 집중하는 중

우리는 흔히 걱정거리나 신경 쓰이는 일이 있을 때, 일에 집중하기 어렵다고 말한다. 이런 일은 대개 스트레스를 유발하는 상황에서 발생하며, 문제의 장면이 계속 떠오르면서 현재 해야 할 일을 방해한다. 하지만 이 상태는 엄밀히 말해 집중을 못 하는 것이 아니라, 오히려 '고도의 집중' 상태다. 다만 그 초점이 우리가 하려는 일에 맞춰져 있는 것이 아니라, 스트레스 요인 자체에 맞춰져 있을 뿐이다. 『도둑맞은 집중력』에서 의사 네이딘은 이와 같은 상황을 다음과 같이 설명한다.

"집중하지 않는 것이 아닙니다. 사람들은 자신이 처한 환경 속에서 위험의 단서나 증거를 찾는 데 집중하고 있어요. 초점이 그쪽으로 향해 있는 거죠."

즉, 스트레스를 받을 때 우리의 주의는 위험을 감지하고 대응할 준비를 하는 데 쏠린다. 만일 숲속을 걷다가 곰을 마주쳤다면 그 순간, 우리의 뇌는 더 이상 저녁 식사나 집세 같은 일상적인 걱정에는 관심을 두지 않는다는 설명이다. 오직 '곰에게서 어떻게 벗어날 것인가'에 모든 인지 자원을 집중시키는 것이다.

스트레스는 고도의 집중 상태다

따라서 우리가 평상시 주의를 기울여 집중할 수 있으려면 반드시 '안전하다'고 느껴야 한다. 다시 말해 집중할 수 있는 환경이 만들어져야 한다. 부부싸움이나 가정 폭력이 잦은 가정의 아이들은 언제 문제가 발생할지 늘 불안한 상태로 예의주시하게 된다. 당연히 집중력이 필요한 학업 성적에도 큰 영향을 미치게 된다. 사업이 파산 위기에 처해 있는 사람에게는 크리스마스 파티 따위는 안중에도 없을 것이다.

스트레스는 바로 그 상황에 집중하게 만드는 고도의 집중 상태인 것이다. 그리고 우리 일상에서 이런 일들이 비일비재하게 일어난다. 스트레스는 수시로 발생하고, 그에 따라 우리의 집중력은 끊임없이 분산된다. 따라서 스트레스를 관리한다는 것은 단지 정신 건강의 문제뿐만 아니라 우리의 일상생활, 그리고 우리의 일과 사업 전반에 매우 강력한 영향을 미친다. 집중해야 하는 대상을 바꿔 버리기 때문이다.

걱정할 일이 생기면 뇌는 그것을 처리하는 데 많은 에너지를 쏟는다. 반대로 걱정이 사라지면, 뇌는 마침내 다른 생각을 할 수 있는 여유를 되찾는다. 그제야 우리는 새로운 것에 몰입하고, 창의적이거나 생산적인 일에 진정한 집중을 발휘할 수 있게 되는 것이다.

미래를 걱정하느라 현재를 낭비하는 걱정 습관

그러나 우리는 종종 스스로 불필요한 걱정을 만들어 내어 스트레스를 유발하곤 한다. 미래에 대한 걱정 습관 때문이다. 하지만 수많은 스트레스와 걱정 중 대부분은 아직 일어나지 않은 일에 대한 상상에서 비롯된다. '혹시 이렇게 되면 어떡하지?'라는 생각에 사로잡혀, 발생할 수도 있는 상황을 끊임없이 떠올리며 실제로 존재하지 않는 고통을 현재에 불러오는 것이다.

미래에 대한 계획은 필요하다. 여기서 말하고자 하는 바는 미래를 준비하지 말라는 뜻이 아니라, 미래를 '걱정'하지 말라는 것이다. 실제로 어떤 문제가 발생했을 때 그 상황에 맞춰 대응하고 걱정해도 늦지 않다. 왜냐하면 우리가 염려하는 대부분의 일은 실제로는 일어나지 않기 때문이다. 물론 이렇게 말한다고 해서 쉽게 멈출 수 있는 것은 아니다. 머리로는 이해되더라도 실제로는 감정이 앞서기 때문이다. 이는 위험을 감지하고 이에 대비하려는 뇌의 본능적인 작용이기도 하다. 그래서 우리는 끊임없이 걱정을 거듭하며, 머릿속으로는 온갖 불안의 시나리오를 그려댄다. 그리고 그것을 반복하고 또다시 반복한다.

만약 그 걱정이 직접적인 실천을 통해 해결될 수 있는 성격이라면 큰 문제가 되지 않겠지만, 안타깝게도 대부분은 그렇지 않다. 그래서 우리는 또다시 집중의 대상을 현재의 일이 아니라 미래의 걱정으로 대체한다. 그렇게 우리의 에너지는 생산적인 일에 쓰이지 못하고 마음의 걱정 습관을 강화하는 데에만 사용된다.

그렇다면 만일 이러한 습관을 멈출 수 있다면 지금의 삶은 어떻게 바뀔까? 미래에 대한 걱정으로 현재를 낭비하는 대신 온전히 현재에 집중할 수 있다면 우리의 인생은 얼마나 더 많은 일을 해낼 수 있을까? 걱정에서 도피하기 위해 술을 마시거나 기분 전환을 위해 SNS나 TV를 선택하는 대신, 고통의 연결고리를 끊어낼 수 있는 방법이 있다면 그것을 당장 하지 않을 이유가 있을까? 그것이야말로 삶의 획기적 변화를 만들 수 있을 것이다.

그러한 방법이 있을까? 우리의 뇌는 자신의 습관을 고치고 스트레스를 통제할 수 있을까? 그것이 가능하다면 우리가 가장 먼저 해야 할 일은 그것을 실천에 옮기는 것이다. 그럼에도 이를 외면하거나 방치한다면 전적으로 고통의 책임은 자신에게 있는 것이다.

이제 본격적으로 마음속으로 들어가 보자.

2부

나를
바꾸고 싶다면,
다르게 느껴라

감정은 가치관을 만들고,
그 가치관은 우리가 세상을 바라보는 방식을 결정짓는다.
그렇게 형성된 정체성은 행동과 선택의 기준이 되고,
결국 인생의 흐름을 이끈다. 감정과 경험이 반복되면 습관이 되고,
그 습관은 삶의 패턴이 되어 우리를 만들어간다.

지금 나의 삶이 반복되는 이유도,
익숙한 감정에 길들여졌기 때문일 수 있다. 삶을 바꾸고 싶다면,
먼저 마음의 패턴을 알아차리고
감정부터 새롭게 디자인해야 한다.

나도 몰랐던
내 마음의 설계도

○ 내 마음속이 이렇게 생겼어?

내 인생을 이루는 모든 것은 결국 마음에서 비롯된다. 그렇다면 마음이라는 것은 도대체 무엇이고 어떻게 생겼을까? 물론 캘리포니아 공과대학의 시모조 교수의 말처럼 의식을 포함한 마음의 구조를 명확히 정의하기는 쉽지 않다. 이 때문에 학자들마다 마음의 구조를 서로 다르게 구분하기도 한다. 예컨대, 이토 마사오 박사는 마음을 지식, 감정, 의식으로 나누어 설명하며, 질 볼트 테일러Jill Bolte Taylor 박사는 뇌의 작용을 중심으로 생각, 감정, 생리적 반응으로 분류한다. 또한 조 디스펜자^Joe Dispenza^는 마음을 주관적 의식과 객관적 의식으로 구분하기도 한다. 이러한 다양한 해석은 모두 뇌와 마음에 대한 시각의 차이에서 비롯된 것이며, 이를 종합하면 마음과 뇌의 작용을 보다 체계적으로 이해할 수 있다.

우선 '마음'은 일반적으로 우리가 '정신'이라고 부르는 개념과 크게 다르지 않으며, 주관적 경험의 흐름, 주관적 실체로 정의할 수 있다. 그리고 이는 우리 뇌에서 일어난다. 뇌에서는 크게 '생각'과 '감정'이라는 두 가지 작용이 일어난다. 이 중 생각은 다시 '지식'과 '의식'으로 나눌 수 있다. 지식은 외부 대상에 대한 정보를 인지하고 처리하는 작용을 의미하며, 의식은 자기 자신이나 사물에 대한 인식으로서 주관적인 체험을 수반한다. 이 두 요소는 구분될 수 있으며, 서로 완전히 독립적으로 작동하기도 한다.

이러한 구조에 따라 마음은 크게 '지식, 의식, 그리고 감정'이라는 세 가지 구성 요소로 나눌 수 있다. 또한 뇌에서는 생리적 반응도 함께 발생한다. 이는 생각과 감정에 대한 반응으로 나타나며, 크게 화학적 반응과 신경 반응으로 구분된다. '화학 반응'은 주로 뇌하수체를 통해 호르몬을 분비하는 방식으로 이루어지고, 신경 반응은 자율신경계를 통해 교감신경 또는 부교감신경을 활성화하는 방식으로 작동한다. 이때 교감신경은 스트레스 반응을 유발하며 긴장 상태를 높이는 역할을 하고, 부교감신경은 이와 반대로 스트레스를 완화하고 이완 상태를 유도한다.

정리하자면, 이러한 작용들을 하나의 체계로 도식화하면 우리의 마음 전체를 보다 명확하게 이해할 수 있다.

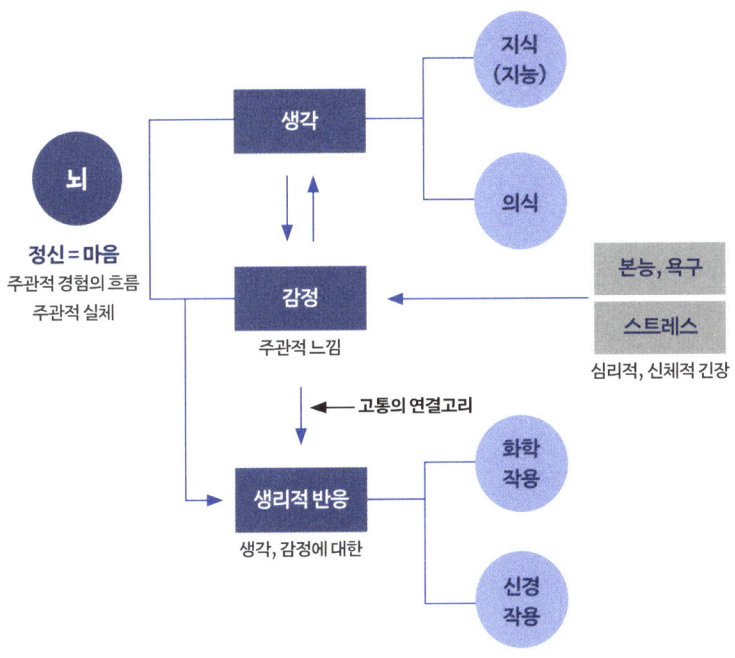

생각, 감정, 행동의 관계

한마디로 정리하면 뇌에서는 생각과 감정이 만들어지고, 이에 대한 생리적 반응이 일어난다고 볼 수 있다. 눈여겨볼 점은 생각과 감정은 서로 밀접하게 상호작용한다는 것이다. 예를 들어, 행복하거나 긍정적인 생각을 하면 세로토닌이 분비되는데, 이는 생각이 감정에 영향을 주기 때문이다. 또한 우리가 느끼는 감정 또한 화학 반응을 일으켜 생각에 영향을 주게 된다. 다시 말해, 감정은 사고에 영향을 주고, 사고는 감정에 영향을 주는 쌍방향 구조를 가지고 있다.

그런데 앞서 언급했듯이 감정은 행동과도 긴밀하게 연결되어 있다. 우리는 감정 상태에 따라 특정한 행동을 하게 되며, 반대로 자신의 행동에 대해 감정을 느끼는 경우도 많다. 즉, 행동 역시 감정을 유발할 수 있는 요소이며, 감정과 행동 사이에도 뚜렷한 상호작용이 존재한다.

이를 종합하면 다음과 같은 결론에 도달한다.

**감정이 생각을 만들고, 생각이 감정을 만든다.
감정이 행동을 만들고, 행동이 감정을 만든다.**

여기서 중요한 건 이 모든 상호작용의 중심에 '감정'이 있다는 것이다. 감정의 작용 없이 생각과 행동이 직접적으로 작용할 때의 문제점은 1장에서 이미 살펴보았다. 바로 감정이 사라지면 나도 사라진다는 점 말이다. 우리는 감정의 동물이며 감정에 의해서 가치 판단과 의미 부여를 할 수 있다. 따라서 언제나 중심에는 감정이 자리 잡고 있다는 것을 기억해야 한다. 그리고 이것을 이해해야만 우리는 다음 단계로 더 깊이 내려갈 수 있다.

내 인생은 어떻게 만들어지고 있을까?

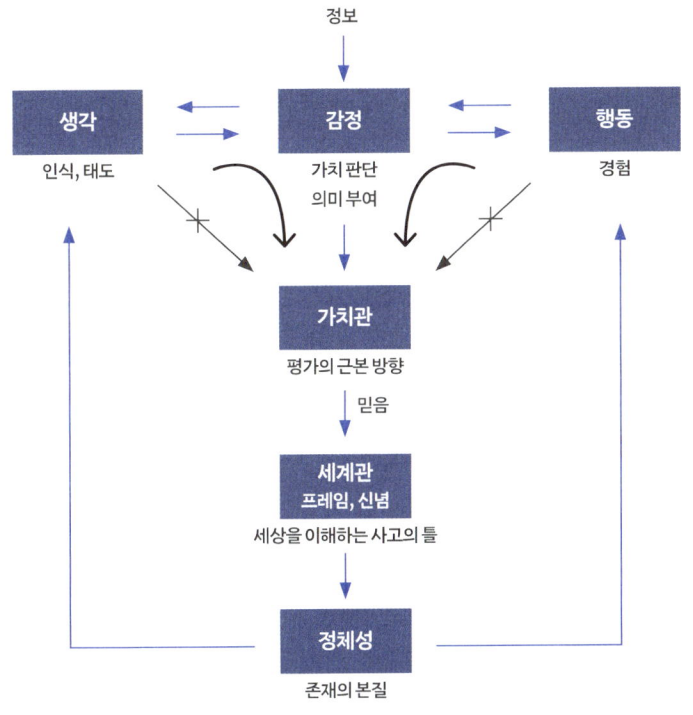

생각, 감정, 행동 사이의 관계를 이해했다면, 이제는 감정의 더 깊은 층위로 들어가 볼 차례다. 우리는 자신의 감정을 외면할 때, 그로 인해 삶에 어떤 영향이 미치는지를 보다 명확히 인식할 수 있을 것이다.

다시 처음부터 시작해 보자.

모든 것의 중심에는 '감정'이 있다. 여기서부터 출발해야 한다.

우선 외부로부터 정보가 들어오면 우리의 감정 뇌는 가장 먼저 그 정보가 안전한지 여부를 판단한다. 그리고 감정은 그 정보에 '가치'를 부여하고, 나아가 '의미'를 부여한다. 그렇게 감정으로 해석된 정보는 곧 생각과 행동에 영향을 주고, 두 요소는 다시 감정과 상호작용하며 우리 삶의 방향을 형성해 나간다.

"감정은 생각을 만들어 내고, 생각은 다시 감정을 불러일으킨다."
"감정은 행동을 유도하고, 행동은 다시 감정을 형성한다."

그렇게 감정의 필터링을 거치면 우리는 대상에 대한 판단을 하게 된다. 다시 말해 나의 가치관을 형성하게 되는 것이다. 가치관이란, 어떤 대상이나 상황에 대해 가지는 근본적인 태도와 관점을 말한다. 따라서 가치관은 우리가 무엇을 어떻게 평가할지를 결정하는 방향을 설정하며, 문제를 바라보는 틀, 즉 본질을 규정하는 역할을 한다. 중요한 것은 이러한 가치관은 감정의 개입을 통해 형성되기 때문에 단순한 이성적 사고만으로는 바꾸기 어렵다는 점이다.

가치관의 변화는 오직 감정의 변화가 동반된 경험을 통해서만 가능하다. 다시 말해 자신의 기존 가치관과 충돌하는 감정을 '직접 느끼는 경험'만이 그 틀을 흔들고 전환할 수 있는 유일한 길이다.

여기서 중요한 것은 '생각을 한다고 해서' 가치관이 바뀌는 것은 아니라는 점이다. 상대가 아무리 옳은 말을 한다 해도, 내 감정이 그것에 동의하지 않는다면 우리는 결코 그것을 진심으로 받아들이지 않는다. 정치 토론이 설득의 장이 아닌 진영 간 말싸움으로 끝나는 것이나 아무리 도덕적이고 상식적인 주장이라 해도 잘 먹히지 않는 것은 모두 이런 이유 때문이다. 가치관이 일단 형성되면 어지간해서는 바뀌지 않기 때문이다. 그래서 가치관은 인간 행동의 가장 깊은 뿌리이자, 삶의 방향을 결정짓는 근본 토대가 되는 것이다.

감정이 나의 정체성을 만든다

감정과 경험을 통해 형성된 가치관이 반복되어 믿음으로 굳어지면, 그것은 프레임이나 세계관이라는 사고의 틀을 만들고, 나아가 정체성, 결국 내 존재의 본질로 자리 잡게 된다. 이처럼 정체성이 형성되면, 세상을 바라보는 방식과 행동양식, 판단 기준까지 달라지게 된다. 예를 들어, 자본주의는 자유와 혁신에 대한 믿음을 핵심 가치로 삼는 반면, 사회주의는 공유와 평등을 중시한다. 이에 따라 기업의 사유화와 국유화 같은 경제 시스템, 다당제와 일당제 같은 정치 제도에 대한 인식 또한 서로 다르게 형성된다. 그 결과 각기 다른 정체성을 바탕으로 한 사고의 틀이 충돌하면서, 서로를 이해하기 어려운 문화적 간극이 생겨나는 것이다.

조선시대의 정체성을 지닌 사람들에게 왕을 투표로 선출한다는 개념은 상상조차 어려웠을 것이며, 노비 제도를 당연하게 여겼던 것 또한 같은 맥락이다. 마찬가지로 종교인은 종교적 세계관을 바탕으로, 세상을 신의 창조물로 보고 인간을 신의 자녀로 인식하는 정체성을 가진다. 반면, 무신론자나 비종교인은 인간을 하나의 물질적 존재로 바라보며, 죽음 이후에는 자연으로 돌아간다는 믿음을 갖는다.

　이처럼 정체성에 따라 하나의 현상에 대한 해석이 완전히 상반되게 나타난다. 그리고 그 밑바탕에는 가치 판단과 의미 부여를 하는 감정이 뿌리 깊게 자리 잡고 있기 때문에 아무리 논리적인 설명이나 과학적인 근거를 들이대도 상대를 설득하기란 쉽지 않다. 이성적으로는 완벽하게 타당해 보여도 감정이 그것을 받아들이지 않기 때문이다. 이것이 정치적, 종교적 차이를 좁히기 어려운 이유이며, 세대 갈등이나 젠더 갈등을 비롯한 거의 모든 인간관계의 갈등 원인이기도 하다.

　이런 과정들을 통해 국적이나 지역, 개인의 환경에 따라 크고 작은 차이들이 생겨나고, 그 차이들이 모여 '나만의 정체성'을 형성하게 된다. 그리고 이 모든 것의 출발점에는 '감정'이 있다. 감정이 가치관을 만들고, 가치관은 세계관을 형성하며, 세계관은 정체성을 구축하고, 우리는 그 정체성을 바탕으로 살아간다. 따라서 '나는 가치 없는 존재다'라는 감정을 반복적으로 느끼면, 우리의 뇌는 그런 상태를 받아들이고 스스로의 정체성을 형성하게 된다. 반면, '나는 소중한 존재이고 행복할 자격이 있다'는 감정적 믿음을 가질 때, 뇌는 전혀 다른 화학적 반응을 일으키며 긍정적인 정체성을 형성하게 된다.

결국 정체성은 삶의 방향과 방식에 깊은 영향을 미친다. 정체성이 삶의 과정을 만들고, 그 과정은 결과를 만들며, 이 흐름이 반복되면 뇌는 일정한 패턴을 형성하고, 그것은 습관으로 굳어진다. 그렇게 굳어진 습관은 쉽게 바뀌지 않는 삶의 방향이 되며, 나이가 들수록 더욱 현상을 유지하려는 경향, 즉 보수성이 강화되는 것도 이 같은 이유에서 비롯된다.

우리의 인생은 바로 이렇게 작동한다. 이것이 곧 내 인생이 만들어지는 과정이며, 삶에 변화를 원한다면 반드시 이해해야 할 핵심 원리다. 좋은 인생을 살고 싶다면, 먼저 좋은 감정을 만들어야 한다. 달리 말하면 감정을 방치하는 것은 인생을 방치하는 것과 다르지 않다. 감정으로 살아가는 인간이 감정을 소홀히 대할 때, 결국 그대가는 자신의 삶으로 돌아오게 된다.

정체성이 만드는 인생의 미션과 목적

정체성은 곧 존재의 본질이다. 내가 누구인지를 드러내는 내면의 이름표이며, 나 자신에 대한 느낌이자 감정이다. 따라서 정체성은 나의 생각을 형성하고, 나의 행동을 이끄는 핵심 동력이 된다.

정체성에는 '미션'과 '목적'이 있다. 미션은 존재의 의미이자 삶의 철학이다. 목적은 우리가 나아갈 방향성이고 존재의 이유다. 미션에 따라 비전을 설정하며, 목적에 따라 구체적인 목표를 설정한다. 그러나 자신의 정체성이 미션이나 목적과 일치하지 않는다면, 우리는 그것을 실천하지 않는다. 왜냐하면 감정이 그 목표를 받아들이지 않기 때문이다. 감정이 수용하지 않는 목표는 나에게 진짜 의미가 없는 목표이며, 그 안에서는 열망이 생겨나지 않는다. 열망이 없으면 열정은 식고 끈기도 사라진다. 결국 열정은 정체성에서 비롯된다. 정체성은 내가 세상을 어떻게 바라보고, 어떻게 반응할지를 결정짓는 태도의 근원이다.

세계적인 베스트셀러『그릿』의 저자 앤절라 더크워스Angela Duckworth 역시 정체성의 중요성을 강조한다. 그녀는 열정과 끈기가 냉철한 분석이나 이성적 계산에서 비롯되는 것이 아니라, 자신을 어떻게 정의하느냐에서 진정한 힘이 나온다고 말한다. 즉, 정체성은 성공을 이끄는 끈기의 근원이자, 우리가 어떤 일을 끝까지 해내는 힘은 외부 요인보다도 자신에 대한 인식, 곧 정체성에 의해 결정된다는 것이다.

따라서 우리는 스스로를 새롭게 정의할 필요가 있다. 자신의 정체성을 자각하고, 그것을 능동적으로 바꾸지 않는 이상, 삶도 근본적으로 달라질 수 없다. 정체성을 바꾼다는 것은 결국 자신에 대한 믿음을 바꾸는 일이며, 그 출발점은 자신의 감정 속으로 깊이 들어가는 것에서 시작된다.

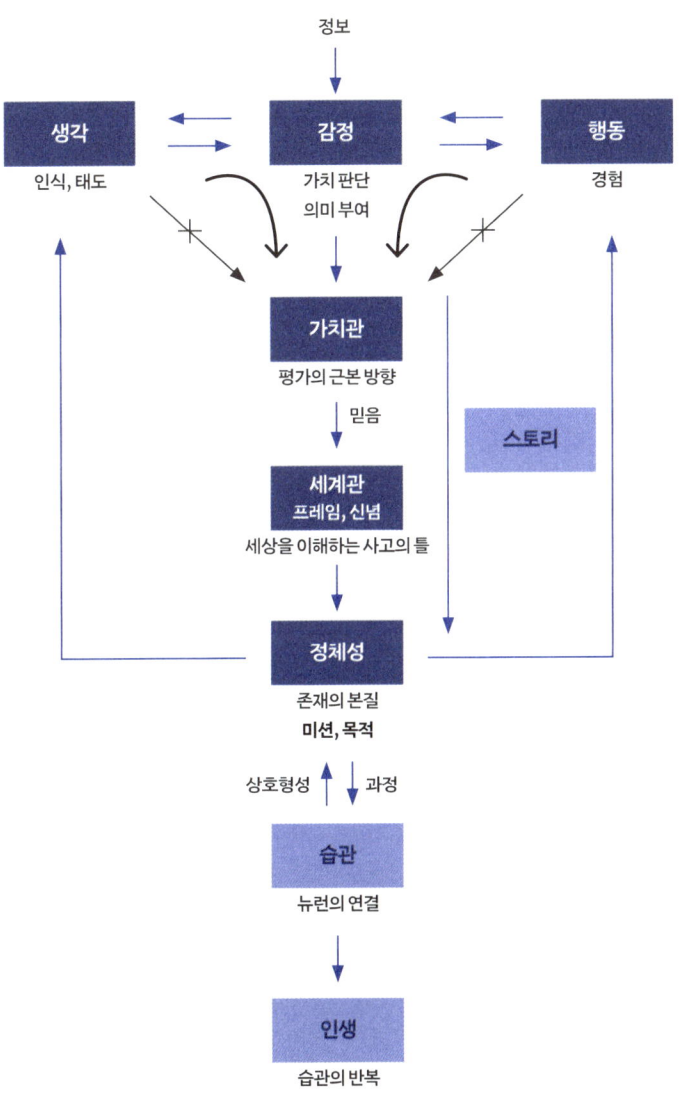

인생을 만드는 방정식이 있다고?

인생은 결국 습관의 반복이다

앞서 살펴본 '인생이 만들어지는 과정'은 우리가 실제로 어떻게 살아가고 있는지를 한눈에 보여 주는 명확한 정리다. 이 내용을 반복해서 곱씹어 보기를 바란다. 단순한 사고 이상의 의미를 지니고 있으며, 실제 삶에 매우 깊은 영향을 미치기 때문이다. 정체성의 혼란은 때로 우리의 발목을 잡고, 때로는 인생의 방향을 근본적으로 뒤바꾸기도 한다. 중요한 개념인 만큼 이번에는 이것을 좀 더 쉽게 이해할 수 있도록 하나의 '인생 방정식' 형태로 풀어 설명해 보려 한다.

1. 감정과 생각은 상호작용한다. 감정과 행동도 서로 영향을 주고받는다. 이러한 상호작용을 통해 우리는 사물이나 상황에 대해 가치 판단과 의미 부여를 하게 되고, 그 결과 삶의 평가 기준인 가치관이 형성된다.

(감정×생각) + (감정×행동) = 가치관

2. 가치관에 믿음이 더해지면 세계관과 신념이 생기고, 세상을 이해하는 사고의 틀이 생긴다. 여기서 정체성이 나온다. 정체성은 존재의 본질이며 근본 철학인 미션도 도출된다.

가치관 × 믿음 = 정체성

3. 정체성을 바탕으로 삶을 살아가게 된다. 그리고 그 삶의 경험들이 반복되며 뇌에 특정한 패턴을 형성하게 되고, 이는 곧 습관으로 자리 잡는다.

정체성 × 과정 = 습관

4. 과정은 목표를 위해서 끈기를 가지고 노력하는 것이다.

과정 = 목표 × 끈기

5. 습관이 반복되면 그것들을 통해 삶을 살아가게 되고, 그것이 나의 인생이 된다.

습관 × 반복 = 인생

(감정×생각) + (감정×행동) = 가치관
⬇
가치관 × 믿음 = 정체성
⬇
정체성 × (과정 = 목표 × 끈기) = 습관
⬇
습관 × 반복 = 인생

이것을 종합하면 인생은 다음과 같이 정리될 수 있다.

인생 = (감정×생각) + (감정×행동) = 가치관 × 믿음

= 정체성 × (과정=목표×끈기) = 습관(뉴런 연결) × 반복

인생 = 가치관 × 믿음 × 목표 × 끈기 × 반복

인생 = 정체성 × 과정 × 반복

인생 = 습관 × 반복

결국 인생이란, 가치관을 형성하고 정체성을 만들고 습관을 구축하며, 그 과정을 반복하는 것이다. 따라서 인생을 바꾸려면 먼저 습관을 바꿔야 한다. 습관을 바꾸려면 정체성과 과정을 바꿔야 한다. 정체성을 바꾸려면 가치관과 믿음을 바꿔야 한다.

정체성은 가치관에 대한 믿음이다. 앞서 언급했듯이 가치관은 이성을 통해서는 바꿀 수 없으며, 오직 감정의 변화를 동반하는 경험(감정×행동)을 통해서만 바꿀 수 있다. 가치관을 바꿀 수 있는 방법은 자신의 가치관과 반대되는 경험을 하는 것뿐이다. 그래야 믿음이 바뀐다. 그러면 목표가 바뀌고 새로운 동기부여가 만들어져 새로운 끈기가 생긴다. 그리고 모든 가치관의 출발점은 바로 '생각과 행동에 대한 감정의 반응'에서 비롯된다.

감정×(생각+행동) → 새로운 믿음 → 새로운 목표 + 끈기

우리의 인생은 이렇게 만들어진다.

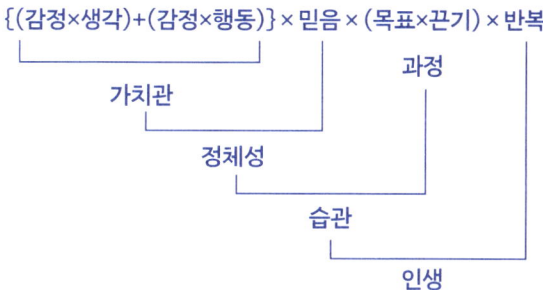

감정적 중독을 만드는 마음의 습관

습관의 반복이 곧 인생이다. 그만큼 우리가 평소에 반복하는 행동과 생각의 습관들은 차곡차곡 쌓여 결국 나의 인생을 형성하게 된다. 그렇다면 습관이란 무엇일까? 우리의 뇌는 가능한 한 에너지 소모를 최소화하고 활동하기를 원한다. 그래서 특정한 생각이나 행동과 관련된 신경회로가 반복적으로 활성화되면, 뇌는 그것을 하나의 고정된 패턴으로 저장한다. 그리고 일상적인 생각을 할 때 이미 만들어진 그 패턴을 사용하여 매일 똑같은 마음 상태를 계속 반복한다. 똑같은 일에 매번 새로운 에너지를 쏟는 것을 방지하기 위한 뇌의 효율적인 선택인 것이다.

그래서 우리는 매일 똑같은 삶을 반복적으로 살아가게 된다. 반복되는 생각은 곧 의식적인 마음의 패턴을 형성하고, 비슷비슷한 하루를 살아가는 이유는 결국 뇌가 구축한 구조적 습관 때문인 것이다. 이것의 의미는 우리가 똑같은 신경망의 습관에 의해 움직인다는 것이다. 그런데 일상적인 가벼운 습관이라면 큰 문제가 없겠지만, 감정이 동반된 습관은 중독을 만들어 낸다. 반복된 감정을 자주 느끼면 세포는 그 감정에 반응하는 수용체를 더 많이 만든다.

이러한 과정을 통해 우리는 특정 감정에 점점 더 민감해지고, 결국 그 감정에 중독되기 시작한다. 하지만 자극이 과도해지면 뇌의 수용체는 점차 무뎌지고, 더 강한 자극을 요구하게 된다. 그 결과 처음 느꼈던 감정을 다시 경험하기 어려워지고, 만족을 느낄 수 없는 상태에 빠지게 된다. 이는 마약 중독과 유사한 원리로, 우리는 끊임없이 그 감정을 갈망하게 된다. 익숙한 화학적 자극을 무의식적으로 찾아 헤매는 중독 상태에 빠지는 것이다.

이제 이 과정을 나의 정체성과 연결해 생각해 보자.

무언가 간절히 하고 싶은 일이 있다. 해야 한다는 것도 잘 알고 있다. 하지만 막상 도전하려니 두려움이 앞선다. 이는 낯설고 익숙하지 않은 것에 대한 신경화학적 '저항' 반응이다. 그래서 결국 도전은 '나중'으로 미뤄두고 유튜브 영상을 보기로 한다. 그러자 금세 마음이 편안해진다.

시간이 흐른 뒤, 다시금 인생에 대한 회의가 밀려오고 '이대로는 안 된다'는 생각이 떠오른다. 무언가 새로운 선택을 해야 할 것 같지만, 이번에는 '지금은 안정이 더 중요하다'는 판단이 나를 붙잡는다. 결국 또다시 행동은 미뤄지고 손은 자연스럽게 인스타그램 릴스를 넘기며 작은 위안을 얻는다. 그렇게 인생은 흘러가고 내 삶은 항상 제자리를 맴돈다. 내 마음의 패턴은 이미 스스로의 정체성을 불만족스러운 현실에 가둬버렸다. 그러다 예기치 않은 현실의 급격한 변화가 찾아오면, 뇌는 미처 준비하지 못한 채 허둥지둥 반응하게 되고, 그 변화는 더 큰 고통으로 다가온다.

대부분의 사람이 이런 패턴을 반복하는 이유는 '두려움'이라는 감정의 상태가 정체성에 깊은 영향을 미치기 때문이다. 겉으로는 자신의 능력을 높게 평가하는 듯 보이지만, 내면 깊은 곳에서는 스스로에 대한 믿음보다 의심이 더 크기 때문에 진정한 용기를 내지 못한다. 즉, 익숙한 도피의 감정 상태로 다시 되돌아가게 되는 것이다. 이러한 반복 끝에 우리는 '원하는 것을 할 수 있는 사람'이 아니라, '할 수 없는 사람'이라는 제한된 정체성을 스스로 만들어 낸다. 그 결과 행동은 끊임없이 미뤄지고, 뉴런의 패턴에도 변화가 일어나지 않는다.

우리 삶의 모든 요소는 이와 같은 방식으로 작동한다. 우리가 만들어온 습관은 뇌에 특정한 신경회로를 구축하고, 그 회로는 곧 우리의 정서적 반응과 선택을 이끈다. 그래서 자신이 가치 없다고 느끼면 계속 그렇게 느끼기를 원하게 되거나, 나쁜 남자에게 익숙한 신경망은 계속 나쁜 남자에게 끌리게 만든다. 그게 익숙하고 편안한 상태인 것이다.

이 모든 것은 '신경화학적 습관'이라 할 수 있다. 우리는 길들여진 감정을 반복해서 느끼고 싶어 하는 존재이기 때문이다. 따라서 지금의 삶이 만족스럽지 않거나 나를 바꾸고 싶다면 뇌의 신경망을 다시 짜야 하는 것이다.

습관은 단순하지 않다. 그것은 매우 뿌리가 깊다. 습관은 지금까지 내가 살아온 감정의 목소리다. 그러니 나의 마음의 책임은 오롯이 나 자신에게 있는 것이다. 우리는 어떤 감정에 중독되어 있는가? 이 질문은 끝없이 반복되어야 할 물음이다.

내 마음의 작용 모델, 나는 이렇게 반응한다

다시 감정에서 출발해 보자. 감정은 생각 및 행동과 상호작용한다. 이를 토대로 한 마음의 작용 모델은 다음과 같다.

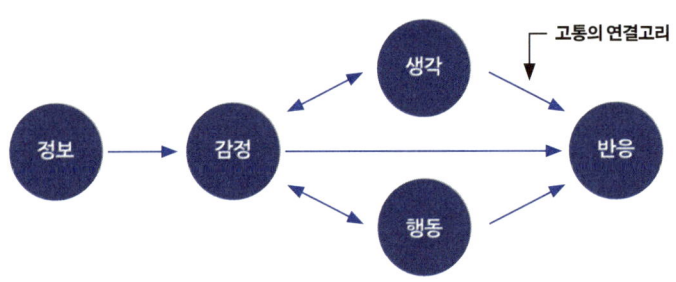

이 모델은 뇌과학의 많은 논증 속에서도 오류 없이 적용이 가능하다. 예를 들어, 『아주 작은 습관의 힘』의 저자인 제임스 클리어 James Clear는 인간 행동의 네 단계를 '신호, 열망(느낌), 반응, 보상(느낌)'으로 설명한다. 여기서 저자가 말하는 반응은 행동을 의미한다. 따라서 이를 위 모델에 적용하면, 정보 – 감정 – 행동 – 감정이다. 다른 행동 단계들도 모두 대입이 가능하다.

붓다의 마음 과학

지금부터 다루게 될 '해탈'이라는 개념은 붓다가 인간의 몸과 마음을 관찰하며 스스로 깨달은 방식이다.

먼저 붓다에 대한 종교적 오해를 정리하고 넘어갈 필요가 있다. 붓다는 깨달은 사람이다. 바로 마음의 비밀을 깨닫고 고통에서 해방될 수 있는 해탈의 방법을 깨달은 사람이다. 그가 말한 해탈의 방법은 다름 아닌 마음을 훈련하는 수련법, 즉 명상이다.

여기서 말하는 붓다는 특정 인물 하나를 지칭하는 것이 아니라, 과거에도 존재했고 미래에도 나타날 수 있는 '깨달은 자'를 뜻한다. 따라서 앞으로 이야기하게 될 모든 명상에 대한 내용은 종교적 신앙 행위와는 무관하며, 신에게 복을 비는 것이 아니라 자기 스스로 마음을 다스리는 실천적 훈련이라는 점을 분명히 해 두고자 한다.

다시 본론으로 돌아가 보자.

당시 인도에는 수많은 명상과 수행법이 존재했다. 『고엔카의 위

『빳사나 명상』에 따르면, 붓다의 발견이 독특한 점은 바로 감각과 반응의 관계를 알아낸 것이다. 그에 따르면, 인간의 마음은 의식 – 지각 – 감각 – 반응의 순서로 작동한다.

1. 의식은 인식 행위로 받아들이는 부분이다.
2. 지각은 인지 행위로 좋다, 나쁘다의 평가를 내린다.
3. 감각으로 들어온 정보에 가치가 부여되면 유쾌하거나 불쾌함을 느낀다.
4. 감각이 유쾌하면 갈망을 일으킨다. 감각이 불쾌하면 혐오를 일으킨다. 이것이 반응이다.

이것이 바로 해탈에 이른 붓다가 인간의 몸과 마음을 관찰하며 깨달은 방식이다. 가장 신뢰할 수 있는 진리는 직접적인 경험에서 비롯된 통찰이며, 명상을 통해 해탈의 경지에 도달한 붓다야말로 그 진리를 온몸으로 증명한 존재다.

그런데 이 구조를 좀 더 면밀히 들여다보려면, '감정'이라는 요소를 구체화할 필요가 있다.

1. 정보가 들어오면 무조건 감정 뇌가 먼저 반응하기 때문이다.
2. 정보에 가치를 부여하는 것이 감정이기 때문이다.
3. 감각에 반응하여 고통을 만드는 것이 감정 뇌의 화학 반응과 신경 반응이기 때문이다.

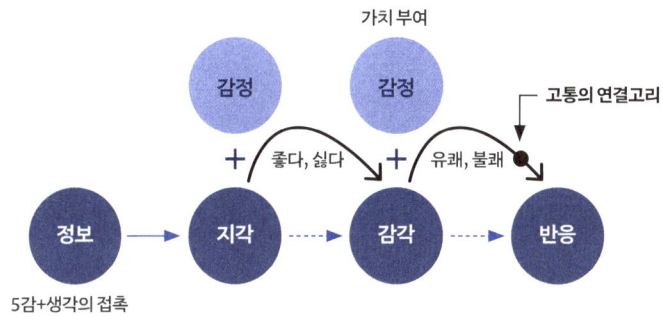

5감과 생각의 접촉을 통해 의식이 생기고, 지각에 감정이 더해지면 '좋다, 싫다'의 판단을 하며, 감각에 감정이 더해지면 '유쾌, 불쾌'의 가치 판단이 생긴다. 이처럼 감정이 더해진 감각에 대해 우리는 자동적으로 반응하게 된다. 그리고 바로 이 감각에 대한 반응에서 고통이 시작된다. 즉, 감각과 반응 사이의 연결 지점이 곧 고통의 고리이며, 바로 이곳이 고통이 형성되고 반복되는 핵심 연결고리라고 할 수 있다.

나는 이렇게 움직인다

그런데 한 가지 문제는 이 모델이 내가 이해하고 있는 구조와는 다소 차이가 있다는 점이다. 나 역시 명상적 경험을 통해 '감각'이 온몸에 퍼져 있으며, 세상과 나 사이를 연결하는 매개로서 존재한다는 것을 분명히 체감해 왔다. 이로 인해 나는 '감각'과 '반응'이 정확히 마음의 어디에 위치하는가에 대해 다시금 깊이 고민하게 되었다. 그 결과 다음과 같은 인식에 이르게 되었다.

1. 감각에 대해서 감정이 관여한다.
2. 감정과 '생각' 사이에는 감각이 있다. 감정과 '행동' 사이에는 감각이 있다. 외부의 정보와 '감정' 사이에는 감각이 있다.
3. 감각에 감정이 관여하면 유쾌, 불쾌를 느끼고 이에 대해 반응한다.
4. 반응에 따라 우리의 생각과 행동이 일어난다.

여기서 말하는 반응은 호르몬을 분비하는 '화학 반응'과 자율신경계를 움직이는 '신경 반응'을 의미한다. 그렇다면 행동에 의해 반응이 일어나는 것이 아니라, 반응에 의해 행동이 만들어진다는 결론에 이르게 된다. 따라서 이를 다시 정리하면 모델을 다음과 같이 바꿀 수 있다.

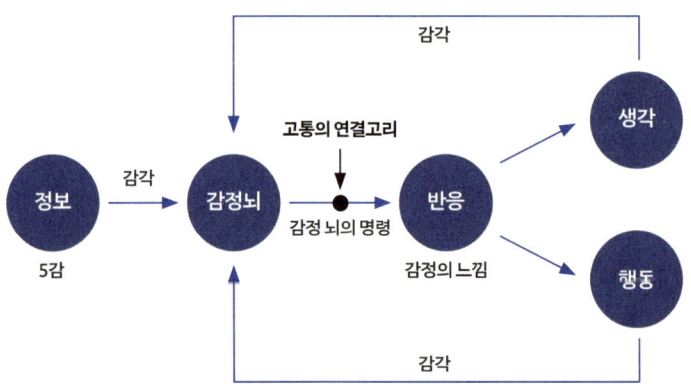

5감을 통해 감각이 일어나고 이는 감정에 의해 필터링되어 반응을 만들어 낸다. 그리고 몸의 반응에 따라 나의 생각과 행동이 형성된다. (생각과 행동에 대한 반응이 만들어지려면 반드시 감각이 감정 뇌의 필터링 단계를 거쳐야 한다.)

결국 감정은 생각과 행동을 불러일으키고, 생각과 행동은 감정에 영향을 미치게 된다. 물론 여기서도 감정을 중심으로 생각과 행동을 만드는 단계는 변함없이 유지된다. 모든 정보는 감정 뇌를 중심으로 먼저 필터링되기 때문에 감정을 중심으로 그려야 한다는 데는 변함이 없는 것이다.

이렇게 정리하면, 붓다의 마음 모델과도 큰 틀에서 차이가 없다고 볼 수 있다. 물론 붓다의 모델은 지각과 감각을 분리하여 설명함으로써 보다 정밀한 구조를 제시하고 있다. 하지만 지각과 감각을 명확히 구분하여 체감하는 것은 실제 수행에서는 쉽지 않은 일이며, 큰 흐름에서 이해하는 것만으로도 충분한 통찰을 얻을 수 있다고 생각한다. 물론 이 모델 또한 앞으로 새로운 검증과 통찰이 더해진다면 계속해서 수정되고 발전될 수 있을 것이다.

필요한 감정을 만드는 멘털 관리법

○ 지금 하고 있는 생각이 나를 만든다

이번 장부터는 본격적으로 우리의 생각이 어떻게 만들어지는지에 대해 살펴보려 한다. '인생은 긍정과 부정의 싸움'이라는 말이 있을 정도로, 어떤 생각을 하며 살아가느냐는 곧 그 사람의 삶을 결정짓는 요소가 된다. 우리의 뇌가 만들어 내는 생각은 그 사람 자체라고 봐도 좋다.

원하는 대로 뇌를 바꿀 수 있다

앞서 우리는 '어떻게 감정을 잘 관리할 것인가?'에 대해 생각해 보았다. 감정을 관리한다는 것은 단지 감정을 억누르는 것이 아니라, 우리가 원하는 감정 상태를 의도적으로 만들어 낼 수 있어야 한다는 의미다. 그렇다면 우리는 정말로 원하는 대로 감정을 만들 수 있을까?

결론부터 말하자면 충분히 가능하다. 가능하다는 과학적 증거는 너무도 많아서 일일이 다 열거할 수 없을 정도다.

우리를 이루는 모든 감정인 기쁨, 놀람, 걱정, 후회, 부끄러움, 만족, 흥미, 슬픔, 분노, 혐오, 경멸, 질투, 그리고 모든 기억과 의식은 약 천억 개나 되는 뇌세포의 활동 안에 모두 담겨 있다. 그리고 이 뇌세포들은 끊임없이 변화하며, 우리의 생각과 경험에 따라 재구성된다.

뇌과학자 질 볼트 테일러Jill Bolte Taylor는 우리는 매 순간 이 세상에서 어떤 존재로 살아갈지를 선택할 힘을 갖고 있으며, 그 능력은 바로 뇌세포에 달려 있다고 말한다. 즉, 우리는 뉴런 간의 연결망을 의도적으로 선택하고 형성할 수 있는 능력을 지니고 있으며, 더 이상 감정에 반사적으로 끌려다니는 삶에 묶일 필요가 없다는 것이다.

심리학 박사 크리스 코트먼Chris Cortman 역시 우리가 세상에 대해 어떤 생각과 태도를 가지느냐에 따라 전혀 다른 감정을 만들어 낼 수 있다고 말한다. 그에 따르면, 감정은 단순한 느낌이 아니라 '나 자신에 대한 진술'이며, 우리의 생각, 태도, 그리고 믿음의 결과라는 것이다. 합리적 정서행동치료의 창시자인 앨버트 엘리스^{Albert Ellis} 또한 비이성적인 사고 패턴을 합리적이고 논리적인 사고방식으로 바꿀 수 있다면, 그 결과로 긍정적인 감정과 보다 생산적인 행동이 따라온다고 강조한다. 행동치료를 연구해 온 많은 심리학자와 뇌과학자들 또한 생각을 바꾸면 감정이 바뀌고, 감정이 바뀌면 행동 역시 달라질 수 있다는 수많은 과학적 증거들을 제시해 왔다.

이처럼 우리의 머릿속에서 작동하는 메커니즘에는 우리가 알고 있는 것보다 훨씬 더 강력한 힘이 존재한다. 그리고 그 머릿속에서 일어나는 일을 통제할 수 있는 능력 또한 분명히 우리 안에 있다. 우리가 뇌를 변화시킬 수 있는 힘을 갖고 있다면, 그것을 사용하지 않을 이유는 없을 것이다. '평화는 진실로 생각의 흐름'이라는 테일러 박사의 말은 말 그대로 진실인 것이다.

상상력이라는 위대한 기능

이제 우리의 상상력이 지닌 실제적인 힘에 대해 좀 더 구체적으로 살펴보자.

『꿈을 이룬 사람들의 뇌』의 저자 조 디스펜자^{Joe Dispenza}에 따르면, 뇌는 실제로 손을 움직이는 동작과, 그 동작을 상상하거나 기억해 내는 것을 구별하지 못한다고 한다. 이 말은 곧 마음속에서 어떤 행동을 반복적으로 '시연'하는 것만으로도 뇌에 새로운 회로를 만들 수 있으며, 이는 뇌를 발달시키는 매우 효과적인 방법이 될 수 있다는 뜻이다.

그는 이를 입증하는 흥미로운 연구 결과를 소개했다.

한 그룹은 실제로 피아노를 연습하고, 다른 그룹은 피아노 연주를 마음속으로만 반복 시연했는데, 양쪽 모두의 뇌 신경망에 거의 유사한 변화가 나타났다. 즉, 단지 '생각만으로도' 뇌는 실제 경험처럼 반응하며 발달한다는 것이다. 이 실험은 적절한 정신적 몰입과 집중이 수반된다면, 뇌는 육체적 활동과 정신적 활동을 명확히 구분하지 못한다는 사실을 보여 준다.

이와 같은 상상력의 힘을 잘 보여 주는 유명한 사례가 있다.

스코틀랜드의 한 항구에서 한 선원이 냉동 창고에 갇힌 채 숨진 채 발견된 사건이 발생했다. 창고 안에는 충분한 음식이 있었지만, 그는 자신이 곧 얼어 죽을 것이라 믿었고 그 과정에서 느낀 고통과 죽어가는 몸 상태를 냉동 창고 벽에 상세히 기록해 두었다. 그의 글에는 몸이 점점 얼어붙고 숨이 가빠지고, 끝내 의식을 잃어가는 과정이 담겨 있었다.

그런데 실제로 그를 발견했을 때, 놀라운 사실이 밝혀졌다. 냉동 창고의 전원은 꺼져 있었고, 실내 온도는 영상 19도에 불과했다. 그는 실제로 얼어 죽은 것이 아니라, 오직 자신의 생각과 믿음만으로 몸이 반응했고, 결국 상상의 고통이 실제 생리적 반응으로 이어져 생명을 잃은 것이다.

이 사례는 우리가 무엇을 믿고 어떻게 상상하느냐가, 신체적 반응과 생존마저 결정지을 수 있다는 사실을 극적으로 보여 준다. 그만큼 상상력은 단순한 심상이 아니라, 뇌와 몸을 변화시키는 강력한 힘인 것이다.

『기적을 부르는 뇌』의 저자이자 정신과 의사인 노먼 도이지 Norman Doidge는 단순히 상상하는 것만으로도 뇌를 바꿀 수 있다고 말한다. 눈을 감고 어떤 활동을 머릿속에 그리기만 해도 실제로 그 활동을 할 때와 똑같이 일차 시각피질이 활성화된다. 즉, 어떤 사건을 상상할 때와 실제로 그 상황을 경험할 때 상당수의 동일한 뉴런과 뇌 영역이 활성화된다는 사실이 뇌 스캔을 통해 과학적으로 입증된 것이다. 도이지는 이러한 현상이 시각화가 상상력과 기억을 동시에 사용하는 복합적인 과정이기 때문이라고 설명한다.

뇌의 구조와 기능이 다양한 정신 훈련에 반응해 변화한다는 증거는 이미 충분하며, 지금 이 순간에도 끊임없이 축적되고 있다. 따라서 우리는 이제 이 사실을 더 이상 의심할 필요 없이 분명한 진실로 받아들여야 할 때다. 이와 관련해 조 디스펜자 Joe Dispenza는 다음과 같이 말했다.

"뇌는 경험, 생각, 학습 등 모든 것에 반응하여 변화한다는 사실은 이제 기정사실이 되었다.

뇌의 전형적인 활성화 패턴을 바꾸고, 뇌세포 간의 새로운 연결을 강화함으로써 우리의 마음과 태도를 바꾸는 것이 가능하다. 생각이란 우리가 만들어 내고, 스스로 믿게 되는 것이다."

생각과 믿음이 바뀌면 감정 또한 변화를 일으킬 수 있다. 우리가 무엇이든 떠올리는 순간, 그 생각은 곧 지금 이 순간의 현실이 된다. 생각하기 전까지는 잊고 있었던 과거의 아픔이나 창피했던 기억, 그리고 생각하지 않았다면 존재하지 않았을 미래에 대한 불안과 걱정은 머릿속에 떠오르는 순간, 실제로 느껴지는 현실로 바뀐다. 작동하지 않았던 냉동 창고조차도, 그 안에 있다는 믿음 하나만으로 사람을 죽게 만든다.

우리의 뇌는 생각에 반응하고, 그 생각에 따라 현실을 만들어 낸다. 그리고 우리는 생각과 감정, 행동을 통해 언제든지 새로워질 수 있는 능력을 지니고 있다. 물론 그 변화에는 노력이 필요하지만, 마음을 바꾸는 일보다 더 중요한 일이 있을까?

따라서 우리는 기꺼이 시간과 에너지를 들여 마음을 변화시키는 힘을 길러야 한다. '감정을 어떻게 관리할 것인가'라는 인생의 질문 앞에 이제는 스스로 답할 때다. 그리고 그 출발점은 자신의 뇌를 과소평가하지 않는 것이다.

◦ 원하는 감정을 만들기 위한 강아지 스킨십

우리의 상상력이라는 위대한 기능을 알았다면 이제 본격적으로 상상의 힘을 활용하여 감정을 컨트롤할 시간이 되었다. 뇌를 원하는 대로 바꿔보자.

좌뇌 강아지, 우뇌 강아지와 함께하는 감정 컨트롤

우리 마음속에는 수많은 근심 걱정이 가득하다. 좋은 생각만 하고 싶지만 뜻대로 되지 않는다. 스트레스를 받으면 가슴이 답답하고, 무언가 가슴 속에 응어리가 들어있는 것처럼 쓰라리다. 좌뇌 강아지가 떨고 있는 한 그 어떤 뇌의 기능도 그를 이길 수 없다. 우리는 그를 컨트롤해야만 한다.

1. 품에 안고 쓰다듬기

감정적으로 힘든 일이 생겼을 때 좌뇌 강아지를 불러라. 나만의 이름을 지어줘도 좋다. 어쨌든 그 이름을 부르고, 그를 품에 안아라. 어떻게? 그냥 진짜 강아지를 안는 상상을 해라. 다만 그 강아지는 나의 근심 가득하고 두려운 감정일 뿐이다.

그를 계속해서 쓰다듬으면서 괜찮다고 진정하라고 말해라. 이건 두려운 상황이 아니며, 그 무엇도 실제로 나를 해치지 못할 것이라고 말해라. 나는 이 상황을 헤쳐나갈 용기와 힘이 있으며, 반드시 그럴

게 될 것이라고 전해 줘라. 그리고 위기 상황 때마다 나에게 누구보다 빨리 말해 줘서 고맙다고 꼭 껴안아 줘라. 그의 떨림이 줄어들 때까지 위로의 말을 건네라. 속으로 해도 좋고, 입 밖으로 말해도 좋다.

<u>우리가 생각하고 상상하는 것만으로도 뇌의 실제적 변화를 일으킬 수 있었다는 사실을 기억하자. 마음을 다해 강아지에게 말해라. 그리고 진정될 때까지 계속해라.</u> 그러면 좌뇌 강아지는 서서히 안정을 되찾을 것이다. 좌뇌 강아지가 흥분한 상태에서는 올바른 판단을 내리기가 쉽지 않다. 그러니 반드시 좌뇌 강아지의 흥분 상태를 진정시켜야 한다.

우뇌 강아지도 좌뇌 강아지에게 했던 것을 동일하게 한다. 무언가 장밋빛 전망에 흥분할 때는 성급히 판단을 내리기 전에 먼저 우뇌 강아지를 진정시켜야 한다. 이때의 흥분은 화가 났을 때와 유사한 신체 변화를 일으킨다. 따라서 이 경우에도 반드시 흥분을 가라앉혀야 한다. 우뇌 강아지가 긍정적인 역할을 많이 하긴 하지만, 사고를 치면 대형 사고를 친다는 것을 유의해야 한다. 두 강아지 모두 우리가 제어해야 한다는 것을 절대 잊어서는 안 된다.

2. 질문하고 위로하기

좌뇌 강아지가 진정되었다면 이제 대화를 나눌 차례다.

『트라우마는 어떻게 유전되는가』의 저자 마크 월린[Mark Wolynn]은 트라우마 치료 기법으로 '상상의 대화'를 활용한다. 앞서 살펴보았듯이 그는 가족 내에 전해지는 트라우마의 유전 가능성을 다루며, 그 대표적인 사례로 동사한 삼촌에 대한 가족의 고통을 무의식적으로 이어받아 공포와 불면증에 시달렸던 인물인 제시를 소개한다.

제시는 존재조차 몰랐던 삼촌과 상상의 대화를 나누었고, 놀랍게도 그 행위만으로도 마음의 평정을 되찾을 수 있었다. 대화 속에서 삼촌은 제시에게 숨을 깊이 내쉬며, 그 공포를 내려놓고 자신에게 돌려보내라고 말한다. 비록 상상이지만 뇌과학 연구에 따르면, 제시가 활성화한 뉴런과 뇌 영역은 실제 대화 상황에서와 동일한 방식으로 반응했다. 이후 제시는 더 이상 불면에 시달리지 않고 편안하게 잠들 수 있었다.

트라우마조차도 이처럼 회복될 수 있다. 그러니 우리도 내 안의 강아지와 대화를 시도해 보자. 지금 이렇게 아파하는 이유가 뭔지 그의 목소리를 들어라. 공감해 주고 위로해 줘라. 그의 가슴 아픈 사연을 진심으로 들어주자. 혹은 제시의 삼촌처럼 필요한 인물을 상상 속에 등장시켜 대화에 참여시키는 것도 좋다. 자신의 상황에 맞는 장면을 설정하고, 그 안에서 감정을 풀어내 보자. 여기서 가장 중요한 것은 지금은 '해결'보다 '표현'이 우선이라는 점이다. 감정을 충분히 드러내는 것이 먼저다. 해결책은 그다음에 생각해도 늦지 않다. 이 부분은 뒤에서 자세히 다룰 것이다.

글로 감정을 표현하는 것도 매우 효과적인 방법이다. 『마음아, 넌 누구니』의 박상미 저자 어머니는 화병으로 두통에 시달렸다고 한다. 약을 복용해도 잠깐뿐이었고, 특히 밤에 찾아오는 두통은 수면제를 먹어도 소용이 없을 만큼 고통스러웠다. 어머니는 대형 병원을 여러 차례 찾았지만, 정확한 원인을 밝혀내지 못했다. 저자는 그 두통의 정체가 화병임을 알고 있었다.

그런데 어머니가 '내 인생의 자서전'을 쓰기 시작하면서 악성 두통은 서서히 좋아지기 시작했다. 자신의 상처를 글로 풀기 시작하면서 변화가 일어난 것이다. 그러더니 두통이 다 나았다. 트라우마를 치유할 때도 핵심 근원을 찾아서 감정을 풀어내는데, 자서전이 비슷한 효과를 낸 것이다.

우리는 지금 느끼는 감정뿐만 아니라 그동안 '쌓여온 감정'들에 대해서도 대화를 나눠야 한다. 살아오면서 경험했던 창피했던 순간들, 가슴 아팠던 일들, 깊은 상처를 남긴 사건들, 충격적인 경험들을 하나하나 떠올려 기록해 보자. 특히 많은 상처가 가족으로부터 비롯된다는 사실에 주목해야 한다. 내 삶 속에서 가족이나 주변 사람들로부터 받은 상처들을 차분히 되짚어보고 모두 끄집어내 보자. 부모님의 격렬했던 부부싸움, 가슴에 남은 상처의 말들, 형제자매 간의 갈등, 친척들과의 불편했던 기억까지, 가족사에 얽힌 상처를 빠짐없이 적어보자. 놀랍게도 우리는 그 수많은 상처의 존재를 미처 자각하지 못한 채 살아왔다. 의식하지 못했던 마음속 쓰레기들이 아직도 곳곳에 쌓여 있음을 발견하게 될 것이다.

그 상처들은 결코 시간이 흐른다고 저절로 치유되지 않는다. 상처를 남긴 대상과 상상 속에서 대화를 나누고, 그에게 하고 싶은 말을 글로 적어보자. 내 마음에 상처를 남긴 그 타깃을 정확히 인식하고, 정면으로 마주해야 비로소 마음은 풀릴 수 있다. 내면의 강아지가 진심으로 안도하며 눈물을 흘릴 때, 우리 마음에도 새로운 문이 열린다.

혹시 이런 과정을 창피하거나 어리석게 느끼는가? 하지만 생각해 보라. 당신이 아무리 바보 같은 짓을 해도 잃을 것은 없다. 어차피 아무도 알지 못할 테니까. 반면, 얻을 수 있는 것은 분명하다. 바로 '나를 바꿀 수 있는 힘'이다.

플로리다의 인지 연구 회사 CEO이자 미국 국립 정신건강연구소 연구원이었던 토마스 크룩Thomas Crook 박사는 인간이 단지 생각만으로도 호르몬 수치를 높일 수 있으며, 뇌가 실제로 존재하는 친구와 상상 속 또는 온라인상의 친구를 구별하지 못한다는 사실을 밝혀냈다. 그러니 망설이지 말고 상상 속에 당신만의 강아지 친구를 만들어 보자. 단, 반드시 몰입하여 마음을 다해 대화해야 한다.

3. 10초의 호흡, 90초의 정지

좌뇌 강아지의 참을성 훈련도 알아두면 유용하다.

만일 상대가 싸움을 걸어온다면 일단 진정해라. 나의 좌뇌 강아지와 상대의 좌뇌 강아지가 붙으면 절대로 싸움을 멈출 수 없다. 가끔은 기분이 안 좋은 흥분 상태에서 홧김에 내리는 결정들을 경험해 봤을 것이다. 만일 마음을 가라앉히고 다시 생각해 볼 수 있었다면, 선택은 달라졌을지도 모른다. 하지만 그러지 못해 우리는 얼마나 많은 연인을 떠나보냈던가. 또다시 후회하고 싶지 않다면 일단은 의도적으로 시간을 확보해라.

즉각적으로 감정을 누그러뜨려야 할 때는 10초 호흡법이 효과적이다. 이 방법은 『힐링 코드』의 저자 알렉산더 로이드 Alexander Loyd와 벤 존슨 Ben Johnson이 소개한 것으로 스트레스를 받을 때, 에너지가 필요할 때, 또는 부정적인 감정이 솟구칠 때 빠르게 효과를 발휘한다.

빠르고 강하게 숨을 내쉬고 들이쉬면서 복식호흡을 하라. 이때는 강한 환기를 위해 입으로 숨을 내쉬고 들이쉬어야 한다. 들이쉴 때는 횡격막을 이용해 복부가 부풀어 오르게 하고, 내쉴 때는 복부가 안으로 들어가도록 조절한다. 10초 동안 이 호흡을 지속하되, 더 길게 해도 무방하다. 이 방법은 강한 호흡을 통해 스트레스 반응 주기를 방해하는데, 단 몇 초 만에 20분간 격렬한 운동과 명상을 함께한 것과 비슷한 효과를 낼 수 있다고 한다. 스트레스가 느껴질 때 이 호흡법을 활용하면 도움이 되며, 저자는 하루 세 번 꾸준히 실천할 것을 권장한다.

또한 질 볼트 테일러 박사는 뇌졸중을 겪고 쓴 책 『나는 내가 죽었다고 생각했습니다』에서 분노가 촉발되는 초기 신호에 주의를 기울이면 우리도 분노를 통제할 수 있다고 말한다. 그녀는 분노 회로가 촉발됐을 때, 특정 신경 고리가 작동했다가 완전히 멈추는 데는 90초의 시간이 걸린다고 말한다. 따라서 화가 났을 때는 즉각 반응하지 말고, 분노를 유발한 화학 물질이 혈류에서 완전히 빠져나갈 수 있도록 최소 90초간 기다려야 한다. 그러면 감정적 반응을 멈출 수 있는데, 이때는 화가 치밀어 오르는 생각을 의식적으로 멈추려는 노력이 필요하다.

두 가지 방법을 함께 사용하자. 화가 나거나 스트레스 상황이 발생하면 곧바로 10초 호흡법을 시행하라. 그리고 나머지 80초를 세며 기다리자. 이 80초 동안 좌뇌 강아지가 계속 흥분하지 않도록 진정시키고 괜찮다고 위로해 준다. 그러면 좀 더 차분하고 균형 잡힌 감정 상태로 돌아와 보다 나은 선택을 할 수 있게 될 것이다.

○ 두뇌 대화를 통해 나는 어떻게 진화할 수 있는가?

앞서 우리는 자기대화의 강력한 힘을 살펴보았다. 그 연장선에서 질 볼트 테일러의 '두뇌회담'과 리치 칼가아드Rich Karlgaard의 '자기 대화'는 특히 중요한 의미를 지닌다.

자기대화의 위력

하버드 대학 뇌과학자인 테일러는 좌뇌가 마비되는 뇌졸중을 겪으며, 자신의 뇌를 직접 관찰했다. 그녀는 '어떤 회로망이 작동하고 있는지 인식할 능력뿐만 아니라, 그 회로망을 계속 작동시킬지 아니면 다른 회로망으로 바꿀지 선택할 능력이 내 안에 있다'라고 결론지었다. 이는 우리가 뇌의 각 영역을 의도적으로 활용하고, 생각과 감정의 세포 구조를 자발적으로 바꿀 힘이 있다는 말이다.

테일러 박사는 뇌 속의 네 가지 캐릭터(감정좌뇌, 감정우뇌, 사고좌뇌, 사고우뇌)와 함께 두뇌 회담을 열어 매 순간 최고의 선택을 할 수 있다고 말한다. 두뇌 회담은 네 가지 캐릭터들에게 모두 자유롭게 의견을 내도록 독려한 다음, 어떤 결정을 내리든 이를 모두가 지지하고 합의하는 방식으로 진행된다. 그녀는 이 과정을 통해 자신이 세상에 어떤 모습으로, 어떤 방식으로 존재할지를 스스로 선택하고, 그 선택에 온전히 책임지는 것, 그리고 자신의 힘을 온전히 소유하는 것이라고 강조한다.

『레이트 블루머』의 저자 리치 칼가아드역시 자기 대화의 효능을 높이 평가했다. 그는 자기 대화를 통해 자신의 삶을 되돌아볼 수 있다고 단언한다. 다양한 연구 결과를 인용하며, 긍정적인 자기 대화가 감정과 생각, 에너지를 효과적으로 통제할 수 있게 해 주어 성과 향상에 기여한다는 점을 보여 주었다. 특히 동기부여를 촉진하는 자기 대화는 자기 효능감과 성과를 눈에 띄게 끌어올리는 데 큰 도움이 되었다. 그는 비록 이러한 습관이 다소 이상하게 보일 수 있을지라도 자기 대화의 힘은 충분히 증명할 수 있다고 자신 있게 말했다.

심리학자 매튜 리버만Matthew Lieberman 박사 역시 감정을 언어화하는 것이 실제로 뇌 활동을 변화시키고 감정적 고통과 괴로움을 줄여준다는 사실을 발견했다. 그는 소리 내어 감정을 표현하는 것이 매우 유익한 방법임을 강조한다. 이 외에도 자기 대화의 힘에 대한 증거는 무수히 많다. 그러니 이러한 과학적 토대를 근거로 진정한 생각의 힘과 두뇌의 작용을 활용해 보자.

이번 장에서 다루는 뇌는 감정의 뇌 위에 자리한 대뇌신피질, 즉 '새로운 뇌'의 활용이다. 대뇌신피질 역시 좌뇌와 우뇌로 구분되는데, 좌뇌는 우리가 익히 알고 있는 논리의 영역으로 언어적, 분석적, 인지적, 계획적인 특성을 지닌다. 반면, 우뇌는 비언어적, 직관적, 경험적, 감각적, 특성이 두드러지며, 환상적이고 상상적인 세계를 창조한다. 한마디로 사고형 좌뇌는 '논리적 분석가'로, 사고형 우뇌는 '전체적 영성가'로 정의할 수 있다.

첫 번째 단계가 감정의 뇌, 즉 강아지를 진정시키는 일이었다면, 이제는 사고형 뇌와 마주하는 다음 단계로 나아갈 차례다.

나의 뇌 속에 있는 9신과 대화하라

나를 지켜주는 아홉 명의 신들이 있다. 그들은 언제나 내가 필요로 할 때 나에게 찾아온다. 세상을 살아가다 고민에 빠지거나, 연민이 느껴지거나, 지쳤을 때 나는 언제나 신들을 소환할 수 있다. 그들은 나의 모든 것에 관여하고 조언을 건네며, 다시 힘을 북돋아 주는 존재들이다. 나의 모든 것을 허심탄회하고 솔직하게 털어놓을 수 있는 친구이자, 무한한 사랑을 아낌없이 베푸는 이들이다. 그 신들은 다음과 같다.

1. 희망과 신념
2. 창조와 지혜
3. 용기와 행동
4. 건강
5. 생활
6. 시간과 인내
7. 품성과 봉사
8. 경제
9. 사랑

나는 이들을 '9신九神'이라 부른다. 오래전부터 이 방법을 사용해 왔으며, 필요할 때마다 우리는 내 머릿속에 모여 대화를 나눈다.

가끔 삶에 대한 회의가 들 때, 그들은 인생을 다시금 생각하게 해준다. 추진하던 일이 가로막혀 답답할 때 함께 대안을 고민하고, 새로운 대책을 찾아 나서기도 한다. 궂은 날씨에도 함께 공원을 달리며 나를 격려하고 마음이 조급할 때마다 인내심을 갖게 하며, 인생은 과정이라는 사실을 다시금 얘기해 준다. 주위에 고마움을 느끼게 하고, 축하와 감사할 줄 알고, 삶의 행복을 볼 수 있도록 도와준다. 나의 실수를 용기 있게 돌아보고 사과를 할 수 있도록 이끌어주며 때로는 집안이 어지러워졌을 때 말끔히 정리할 수 있도록 동기를 주기도 한다. 9신들 덕분에 머릿속 강아지들을 더 잘 보살피고, 더 깊은 애정을 쏟을 수 있게 되었다. 우리는 수시로 대화하지만, 주로 잠들기 전 조용한 저녁이 우리만의 대화 시간이다.

대화 방식은 자유롭게 선택해도 된다. 2인칭 대명사인 '너'를 사용하거나 자신의 이름을 부르며 마치 다른 사람과 얘기하듯이 자신과 대화하는 것도 매우 효과적이다. 실제로 이런 방식을 사용할 때, 우리는 자신을 보다 객관적으로 바라볼 수 있고, 더 유용한 답을 이끌어낼 수 있다는 연구 결과도 있다. 꼭 신이 아니어도 괜찮다. 요정일 수도 있고, 귀여운 동물 친구일 수도 있다. 그리고 당연히 위에서 말한 9가지가 아니어도 좋다. 아이를 키운다면 육아의 신이 있을 수도 있고, 연주를 하는 사람은 음악의 신이 있을 수도 있다. 책의 신도 가능하다. 자신의 상황에 맞게 필요한 대화 상대를 만들어 내면 된다.

지금 당신에게 가장 큰 어려움은 무엇인가? 가장 깊은 고민은 무엇인가? 무엇을 해결해야 하고, 어떤 방법을 찾아야 하는가? 바로 그것을 토대로 당신만의 존재를 만들어라. 나는 이 방식을 '정신교감'이라 부른다. 이 방법은 매우 유용하고 강력한 방법이다. 그러니 바로 시작해 보자. 자신의 뇌와 문제 해결을 위한 대화를 시작하는 것이다.

질 볼트 테일러 박사는 뇌 속 뉴런들이 더 많이 연결될수록 우리가 보다 고차원적인 수준의 차별화를 해낼 수 있고, 생각하고 느끼는 능력을 질적으로 개선할 수 있다고 했다. 신경과학자 앤드루 뉴버그Andrew Newberg 박사와 로버트 월드먼Robert Waldman 박사 역시 '말'에는 몸과 마음의 스트레스를 조절하는 유전자 발현에까지 영향을 미칠 만큼 강력한 힘이 있다고 밝혔다. 그들은 긍정적인 단어를 떠올리는 것만으로도 뇌의 특정 영역이 활성화되어, 자기 인식은 물론 타인을 바라보는 방식까지 긍정적으로 변화할 수 있다고 설명한다.

도슨 처치Dawson Church 박사는 시각화와 명상, 긍정적인 생각, 감정, 기도에 집중하면 우리의 마음을 평안하고 긍정적인 이미지로 채울 수 있으며, 이는 건강에 긍정적 영향을 미칠 수 있다고 말한다.

이제는 명확하다. 지금까지 수도 없이 과학자들의 결과를 제시했다. 더 이상 무슨 증거가 필요하겠는가? 우리는 생각만으로 뇌를 바꿀 수 있다. 당신이 마음속에 어떤 생각을 품든 그것이 곧 자기 자신이고, 자신을 만들어간다. 그러니 우리가 세상을 창조했듯이, 우리 머릿속에도 새로운 세상을 창조하라. 이제는 선택할 힘이 있다는 사실을 알고 있으니, 다른 결정을 내릴 수도 있다. 명백히 나의 뇌는 나만이 움직일 수 있는 나의 세상이다.

이것이 '생각하는 감정형 생명체'에서 한 단계 진화한 '전체적 진화형 생명체'의 모습이다. 뇌를 통합하여 뉴런을 재조합하는 사람만이 정신교감을 통해 새로운 생명체로 거듭날 수 있다. 그 둘은 분명 다른 종족이다.

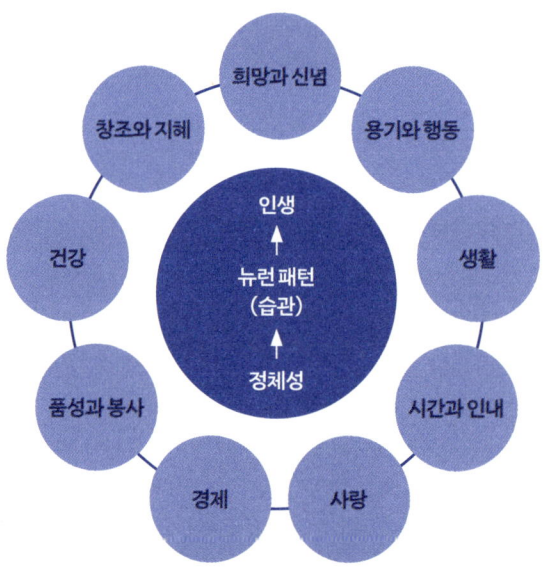

생각하는 감정형 생명체

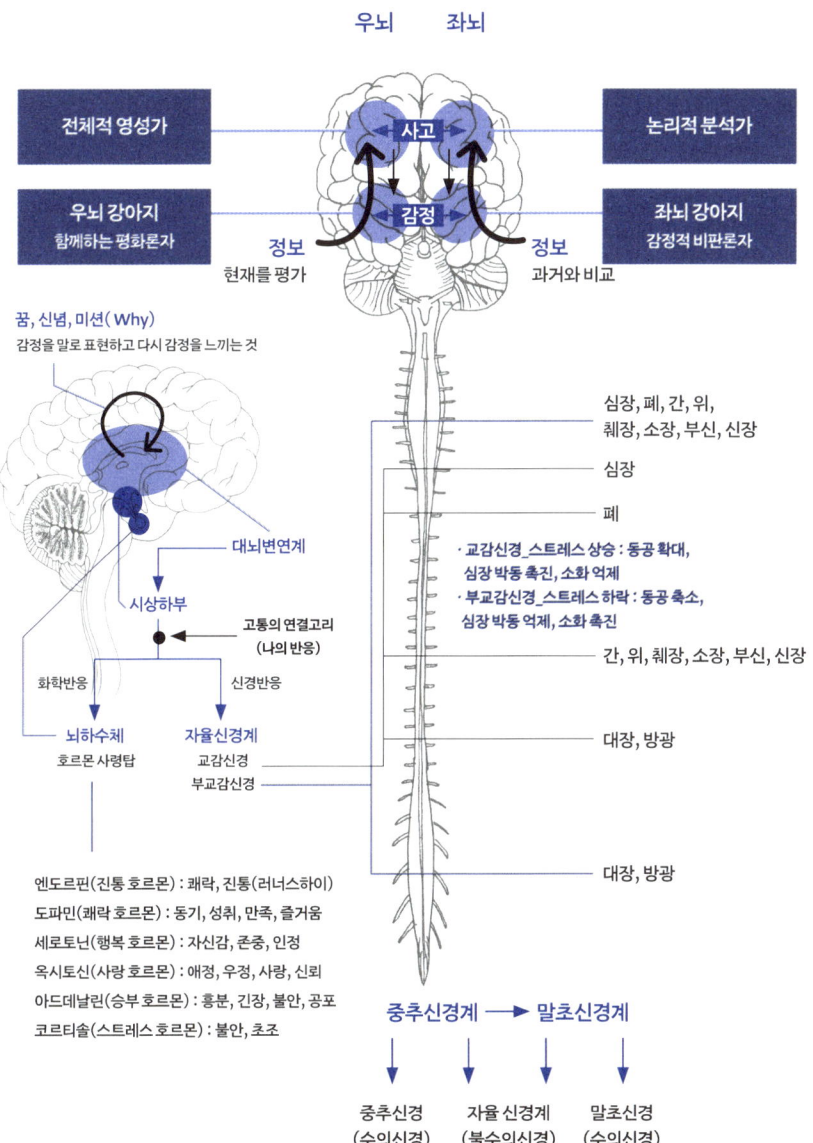

2부 · 나를 바꾸고 싶다면, 다르게 느껴라

마음속에 숨어 있던 감정을 내려놓자, 그들도 나를 놓았다

모든 사람의 마음속에는 아마도 트라우마와 감정의 쓰레기들이 수북이 쌓여 있을 것이다. 그러나 대부분은 자신의 마음속에 이렇게 많은 것이 자리하고 있는지 깨닫지 못한다. 한 번도 자신의 감정의 근원을 찾기 위해 과거를 찬찬히 생각해 본 적이 없기 때문이다.

나 역시 마찬가지다. 대부분의 사람처럼 평범한 삶을 살아왔다고 생각했다. 그런데 내 삶을 하나하나 되짚어보는 과정에서, 그 안에 나만의 특별한 삶이 숨겨져 있다는 것을 알게 되었다. 그리고 놀랍게도 나의 인생 곳곳에는 수많은 사건과 사고가 있었으며, 엄청난 감정 쓰레기들이 쌓여 있는 것을 깨닫게 되었다. 이는 누구에게나 마찬가지다. 그래서 누구에게나 삶은 평범하지 않은 것이다.

나 자신을 파헤치기 시작했다

비록 어린 시절, 집안이 특별히 가난하거나 큰 문제가 있다고 느껴본 적은 없었지만, 돌아보면 내 삶에는 수많은 굴곡이 있었다. 누구나 자신의 과거를 천천히 들여다보면, 마음 깊은 곳에 숨겨져 있던 어두운 면들이 언젠가는 모습을 드러내기 마련이다. 지금 생각해 보면, 나의 어린 시절은 세상을 향해 나아가기 위한 끊임없는 도전의 연속이었다.

아버지는 일을 위해 미국으로 떠나셨고, 나는 아버지의 얼굴조차 모른 채 자라야 했다. 어머니는 누나와 나를 키우기 위해 밤늦게까지 쉼 없이 일하셨다. 나는 외할머니 손에 맡겨지거나, 때로는 혼자 집을 지켜야 할 때가 많았다. 아직 유치원에도 들어가기 전, 겨우 다섯 살 무렵의 일이었다. 집에 혼자 남겨지면, 대낮이어도 무서움이 몰려왔다. 그래서 늘 만화영화가 담긴 카세트테이프를 틀어놓곤 했다. 요즘 세대에게는 생소할지도 모르지만, 당시 카세트테이프는 앞면과 뒷면이 있었다. 앞면이 끝나면 테이프를 꺼내 뒤집어 다시 끼우고, 플레이 버튼을 눌러야 한다. 그 짧은 순간, 아무 소리도 들리지 않는 고요가 이어진다. 바로 그때가 가장 두려웠다. 소리가 사라진 침묵 속에서, 나는 감당할 수 없는 공포를 느꼈다. 만화영화 테이프는 어린 시절 내 유일한 위안이었다. 나는 하루 종일 테이프를 틀어놓았고, 소리가 멈추면 아무것도 할 수 없었다.

어린 시절, 세상은 두려움으로 가득했다. 다섯 살, 여섯 살 무렵부터 시작된 두려움은 어느새 트라우마가 되어 나를 지배했다. 초등학교 1학년 때, 책 읽기 시간은 공포 그 자체였다. 교탁 앞에 서면 목소리가 떨리고, 아이들은 웃었다. 왜 그렇게 무서웠는지 알지 못했지만, 나는 스스로 이겨내야 했다. 떨림을 조금씩 다스리며 나아갔지만, 여전히 말은 더듬었고 심한 압박 앞에서는 말문이 막히기도 했다. 또래보다 한글을 늦게 익힌 것도, 내 마음속 깊은 짓눌림 때문이었다.

나는 내가 다른 아이들에 비해서 부족하다고 생각하니, 조바심과 콤플렉스가 생겼다. 그 어린 나에게 필요한 건 '나도 할 수 있다'는 것을 세상에 증명받는 것이었다. 그래서 내 약점을 극복하기 위해 치열하게 혼자 노력해야 했다. 누구에게 도움을 청할 수 있다는 생각조차 하지 못했다. 다른 아이들에게는 너무도 당연하고 자연스러운 일이, 내게는 마치 허락되지 않은 일처럼 느껴졌다.

그 시절의 나를 기억하는 사람들은 내가 이런 고충을 겪고 있었는지 의아해할지도 모른다. 나는 상도 자주 받았고, 총명하다는 칭찬도 들었으며, 운동 실력도 뛰어났다. 겉으로 보기엔 밝고 모범적인 학생이었다. 하지만 내면에서는 트라우마가 끊임없이 나를 괴롭히고 있었고, 그것을 극복하기 위한 나의 싸움은 누구보다 치열했다.

그리고 결국 고등학교 때 모든 것이 터져버렸다. 중학교에서 상위 3%의 우등상을 받고 졸업했지만, 고등학교 때는 더 이상 공부하지 않았다. 세상이 싫었고, 교육제도가 싫었고, 그냥 아무것도 하고 싶지 않았다. 어둠의 자식처럼 모든 것이 비관적이었으며, 학교에서 탈출하고 싶은 생각밖에 들지 않았다. 첫 시험에서 5등이었던 성적은 매번 급격히 떨어졌다. 그것이 어떤 트라우마가 발현된 건지는 정확히 모르겠다. 하지만 확실한 건 당시의 내 감정 상태는 더 이상 아무것도 할 수 없게 만들었다. 그 감정들은 집요하게 나를 공략했다. 그렇게 인생에서 중요하다는 고등학교 시절은 엉망진창이 되어버렸다.

아버지는 무서운 기운을 풍기던 부산 남자였다. 얼굴 한 번 본 적 없는 할아버지는 매우 다혈질이셨고, 아버지 역시 어느 정도 그 성정을 물려받았다. 할아버지가 살아온 시대는 일제 강점기와 한국전쟁을 지나온 격동의 세월이었으니, 그가 겪었을 트라우마의 깊이는 충분히 짐작하고도 남는다.

나는 대학에 입학할 때까지 아버지와 거의 대화를 나눈 기억이 없다. 지금 돌아보면, 아버지 역시 할아버지로부터 트라우마를 물려받았고, 가난하고 힘난했던 어린 시절을 겪으며 마음속에 많은 상처가 쌓였을 것이다. 그리고 그 상처들은 결국 아버지의 의지와는 무관하게 성격으로 드러났을 것이다. 지금은 당신이 가족을 위해 얼마나 치열하게 헌신했는지를 충분히 이해하고, 깊이 감사드린다. 하지만 어린 시절의 나는 그것을 알지 못했다. 그저 화를 내는 아버지가 무서웠고 이해할 수 없었다. 어린아이였던 나에게 아버지는 거대한 존재였고, 아버지의 분노는 말할 수 없는 공포 그 자체였다.

내가 아버지와 가까워지기 시작한 것은 약해진 아버지의 뒷모습을 마주하면서부터였다. 대학에 들어가고 나서부터 아버지의 기력이 부쩍 줄어든 것이 느껴졌다. 군 입대 날, 버스정류장까지 배웅을 나온 아버지의 모습은 사랑을 말로 표현하진 못했지만, 그 마음만큼은 누구보다 깊었던 한 시대의 아버지를 그대로 보여 주고 있었다. 대학에 들어가고 나서야 아버지에 대한 두려움도, 내면의 어려움도 서서히 내려놓을 수 있었다. 그렇게 우리는 어느새 친구처럼 편안한 관계가 되었다.

그제서야 내 인생이 다시 열렸다

겉으로 보기엔 모든 것이 괜찮아 보였다. 하지만 마음 깊은 곳에서는 여전히 과거를 놓지 못하고 있었다. 그러던 어느 날, 스스로에게 질문을 던지고 답을 찾아가는 자기 대화의 시간을 갖던 중, 문득 아버지 생각이 떠올랐다. 이미 아버지와 거리낌 없이 지낸 지 십여 년이 흐른 뒤였다. 그런데 느닷없이, 잊었다고 믿었던 과거의 아픈 기억들이 밀물처럼 밀려왔다.

"당신 때문에 내가 얼마나 힘들었는지 몰라요."

그 말이 입에서 터져 나오는 순간, 나도 모르게 감정이 쏟아졌다. 의도한 것도 아니었지만, 가슴속에 맺혀 있던 말들이 봇물처럼 흘러나왔다. 아버지와의 상상 속 대화를 이어가던 중, 눈물이 왈칵 쏟아졌다. 마흔이 넘은 나이에, 나는 참을 수 없이 서럽게 울었다.

그때 비로소 깨달았다. 시간이 흐른다고 해서 상처가 저절로 치유되는 것이 아니라는 것을. 감정이 온전히 해소되어야만 비로소 진정한 치유가 이루어진다는 것을.

10대 시절 받은 상처는 40대에 이르러서야 겨우 풀려났다. 그리고 그날 이후, 나는 마음 깊이 아버지를 놓아줄 수 있었다. 그 순간, 아버지 역시 오랫동안 붙잡고 있었던 내 어깨를 조용히 내려놓았다.

그리고 나는 어린 시절의 나를 만나러 갔다.

두 번째 눈물이 쏟아졌다. 내가 얼마나 외롭고 힘들었는지, 어린 나이에 얼마나 세상에 맞서느라 고생했는지, 위로해 주고 꼭 안아주었다. 그리고 그 자리에서 다시 한번 펑펑 울었다.

어린 나는 상처투성이었다. 그리고 나는 마흔이 넘어서야 비로소 그 아이도 놓아줄 수 있었다. 그러자 그 아이도 오랫동안 움켜쥐고 있던 내 발목을 놓아주었다.

나는 그 감정들이 여전히 마음 깊은 곳에 봉인된 채 살아있을 줄은 몰랐다. 평소 감정에 휘둘리지 않는 사람이라 여겨왔지만, 사실은 스스로의 상처를 억누르며 외면해 왔을 뿐이었다. 그러나 감정의 근원을 정확히 마주하고 마음을 쏟아내자, 내 안에 갇혀 있던 감정은 서서히 풀어지며 사라지기 시작했다.

그제서야 내 인생이 다시 열리기 시작했다. 사소한 일에도 쉽게 짜증이 났던 반응들은 점차 사라졌고, 사람들과의 관계도 훨씬 부드러워졌다. 늘 자기 이야기를 하지 않아 냉정하고 목석 같다는 말을 듣던 내가, 이제는 나의 어두운 면조차 거리낌 없이 털어놓을 수 있게 되었다. 날카로운 성격도, 귀찮아하는 습관들도 크게 줄어들었다.

만약 그날, 마음속 깊은 울음을 흘려보내지 않았다면 나는 여전히 스스로를 지키기 위해 이 모든 이야기를 마음 깊숙이 숨긴 채 살았을 것이다.

이제서야 나는 비로소 '나 자신'을 내려놓기 시작한 것이다. 더 이상 스스로를 운전하면서 브레이크를 밟지 않아도 되었다. 나는 그대로 속도를 높이며 고속도로를 질주하기 시작했다. 그날 이후로 내 감정은 더 이상 나를 붙잡지 않았다.

자, 이제는 여러분 차례다.
우리 모두에게는 어릴 적부터 수많은 경험을 통한 다양한 감정의 쓰레기가 쌓여 있다. 감정의 쓰레기는 어른이 된 지금 보기에 매우 사소한 것에 의해서도 얼마든지 생긴다. 누구나 예외는 없다. 그것을 찾아라. 아무리 작은 것이라도 모두 찾아라.
그 감정이 어디서 비롯되었는지 깊이 들여다보고, 스스로와 충분히 대화해라. 그리고 그 감정을 이해하고 풀어내라. 그것은 오래 묵은 쓰레기다. 한 번에 해결되기는 어려울 것이다. 감정이 해소될 때까지 계속해야 한다. 그리고 내가 놓으면 감정도 나를 놓을 것이다.
지금 당장 보듬어야 할 대상은 바로 나 자신이다. 어릴 적 자신을 만나러 가라!

○ 뇌 건강을 위해 꼭 알아야 할 뇌 관리 방법

내 두뇌에는 좌뇌와 우뇌의 강아지들, 그리고 '9신'이 함께 살아가며, 나라는 존재를 이루는 근원이자 중심이 된다. 그래서 뇌를 잘 보살피는 것은 우리의 중요한 의무이다. 뇌가 제대로 기능하지 않을 때 우리가 치르게 될 대가는 굳이 설명하지 않아도 충분히 알 것이다.

이제 뇌 건강 관리를 위해 반드시 실천해야 할 것들을 살펴보자. 여기서 소개하는 것은 최소한의 기본 사항이다. 더 많은 방법을 찾아 스스로 관리해 나갈 것을 권한다.

뇌 강아지는 운동이 필요해

첫 번째로, 우리는 반드시 운동해야 한다. 강아지를 키울 때 매일 산책을 시켜주어야 하듯, 우리의 뇌 속 강아지들 또한 꾸준한 운동을 필요로 한다. 우리의 유전자는 수렵·채집 시대 이후로 크게 변하지 않았다. 즉, 인간의 몸은 산업화 이후 급격히 변화한 현대 환경에 적응하도록 만들어지지 않았다. 석기 시대의 몸이 현대 사회를 만나면, 자연스럽게 건강에 악영향을 미칠 수밖에 없는 것이다. 캔자스대학교 임상심리학 교수인 스티븐 S. 일라디Stephen S. Ilardi는 『나는 원래 행복하다』에서 다음과 같이 말한다.

> "우리의 석기 시대 뇌는 홀로 실내에 앉아 잠을 빼앗긴 채 패스트푸드로 배를 채우며, 스트레스에 시달리는 21세기 생활에 적응하도록 설계되지 않았다."

특히 수렵·채집인들은 질병을 예방하는 생활 방식을 자연스럽게 실천했다. 그들은 매일 식량을 구하기 위해 10~15킬로미터를 걷는 생활을 이어갔다. 이러한 진화적 배경 속에서 운동은 강력한 항우울제 역할을 해왔다. 이는 어떤 대체 방법으로도 대신할 수 없는 뇌를 보호하는 가장 근본적인 방법이었다.

또한 알렉산더 로이드 박사Dr. Alexander Loyd와 벤 존슨 박사Dr. Ben Johnson의 저서 『힐링 코드The Healing Code』에 따르면, 스트레스를 받을 때 우리 몸은 급격하게 아드레날린을 분비한다. 이는 '투쟁 혹은 도피 반응'의 일환이며, 분비된 아드레날린은 체내에 그대로 남는다. 따라서 증가한 아드레날린은 신체적인 반응이기 때문에 반드시 신체 활동을 통해 소모되어야 한다. 만약 아드레날린을 제대로 연소시키지 못하면, 이 물질은 체내에 잔류해 긴장과 정서적 고통을 유발하게 된다.

원래 스트레스는 생명을 위협받는 상황에서만 발생해야 한다. 그러나 오늘날 스트레스는 온갖 상황에서 촉발된다. 따라서 끊임없이 축적되는 스트레스는 반드시 꾸준히 해소해 주어야 한다. 결국 뇌를 제대로 관리하기 위해 가장 우선해야 할 일은 운동이다. 운동은 스트레스 호르몬을 즉각적으로 감소시킬 뿐 아니라, 스트레스에 대한 저항력 또한 높여 준다. 우리에게 운동은 생존을 위해 반드시 갖춰야 할 기본 조건이라 해도 과언이 아니다.

이 외에도 운동이 주는 긍정적 효과는 무궁무진하다. 운동을 하면 혈액순환이 좋아지고 숙면을 취할 수 있다. 또한 뇌세포의 생성이 촉진되고 뇌의 전반적인 기능이 강화된다. 더불어 기억력 장애와 치매를 예방하는 데에도 도움이 된다. 강력한 항우울 효과는 물론이다.

적절한 운동에 대해서는 전문가마다 의견이 조금씩 다르지만, 최소한 일주일에 3회 이상, 얼굴이 땀에 흠뻑 젖을 정도의 강도와 시간을 추천한다. 천천히 산책하는 것보다는 빨리 걷기와 런닝 등이 효과적이며, 테니스나 축구 등 좋아하는 유산소 운동을 찾는 것도 좋다. 나의 경우는 계단 뛰어 올라가기를 실천하고 있다. 지하 4층에 재활용 쓰레기를 버리고 14층까지 뛰어 올라간다. 조금만 신경을 쓴다면, 누구나 일상 속에서 쉽게 실천할 수 있는 운동 방법을 찾을 수 있을 것이다. 건강한 뇌를 원한다면 운동은 선택이 아니라 필수다. 뇌는 땀방울을 사랑한다.

뇌 강아지 밥 주는 시간

뇌 건강을 위해서는 햇빛을 통한 비타민 D 생성과 오메가-3 섭취가 필수다. 그러나 현대인은 햇빛 노출과 오메가-3 섭취가 모두 부족하다. 따라서 비타민과 영양 보조제를 챙기고, 충분한 수면과 균형 잡힌 식습관을 실천해야 한다. 칼로리가 높은 음식, 고카페인, 탄산음료, 술은 반드시 피해야 한다. 이 모든 것을 종합할 때, 뇌의 건강을 지키기 위해 다음 사항을 반드시 실천해야 한다.

- 매주 3~4회 땀을 흘릴 정도의 유산소 운동을 하라.
- 매일 오메가-3 지방산을 섭취하라.
- 매일 비타민D를 섭취하라(멀티비타민도 도움이 된다).
- 8시간 정도 충분한 수면을 취하라.
- 매일 30분 이상 독서를 하라.
- 뇌에 좋은 음식을 섭취하라.

『뇌는 늙지 않는다』의 저자 다니엘 G. 에이멘Daniel G. Amen 박사에 따르면, 뇌가 젊어지면 피부는 물론 심장과 생식기 건강에도 긍정적인 영향을 미친다. 진정으로 몸과 마음을 젊게 유지하고 싶다면, 우리는 겉이 아니라 안에서부터 변화시켜야 한다. 뇌가 아름답지 않으면 우리는 진정으로 아름다울 수 없다. 우리의 뇌가 온몸과 깊이 연결되어 있다는 사실을 잊지 말아야 한다.

나 말고 어디에 집중하고 있는 거야?

간디는 "내 허락 없이는 아무도 나에게 상처를 줄 수 없다."라고 말했다. 마찬가지로 내가 떠올리지 않는 일은 나에게 아무런 영향을 미치지 못한다. 다시 말해, 내가 생각하지 않는 일은 내 삶에 존재하지 않는 것과 다름없다. 그래서 내가 신경 쓰지 않기로 결심한 것은 결코 나를 괴롭힐 수 없다.

반면, 조 디스펜자Joe Dispenza가 말했듯이 어디에 주의를 기울이느냐는 우리의 삶에 막대한 영향을 미친다. 반복적으로 생각하고 집중하는 것이 결국 우리의 존재를 형성한다는 것이다. 내가 관심을 쏟는 것이 나의 의식을 만들어 내고, 그것이 내 삶을 결정짓는다. 그렇다면 우리는 삶에서 무엇을 생각하고, 어디에 집중해야 할까? 그 답은 분명하다. 바로 '나 자신'이다.

하지만 이 당연한 말이 당연하지 않은 이유는 너무 많은 사람이 자신이 바꿀 수 없는 외부에 초점을 맞추며 살아가기 때문이다.

STOP, STOP, STOP

대표적으로 우리는 왜 그토록 다른 사람의 행동을 바꾸지 못해 안달일까? 『감정을 선택하라』의 저자 크리스 코트먼Chris Cortman에 따르면, 우리는 사랑하는 사람의 행동을 고치기 위해 엄청난 에너지를 쏟지만, 그런 방식은 상대의 변화를 이끌어 내지 못할 뿐 아니라 오히려 관계를 악화시킬 뿐이다. 사람은 스스로 바뀌고 싶다는 감정 상태에 이르러야 변할 수 있다. 잔소리나 호통으로는 결코 변화를 이끌 수 없다. 우리가 해야 할 일은 상대에게 집착하는 것이 아니라, 자신이 할 수 있는 일에 집중하는 것이다.

그렇게 할 때 비로소 우리는 다른 사람들에게 간접적이지만 깊은 영향을 미칠 수 있다. 또한 우리는 끊임없이 타인과 자신을 비교

한다. 비교는 열등감이나 우월감을 낳고, 두 감정 모두 우리에게 결코 도움이 되지 않는다. 열등감은 자신이 가지지 못한 것에 초점을 맞추게 하고, 항상 타인과 자신을 견주게 만든다. 더 많이 가진 사람이 존재하는 한, 이 고리는 끝나지 않는다. 마찬가지로 우월감을 느끼는 사람도 자신보다 더 뛰어난 존재를 만나면 깊은 열등감에 빠지게 된다.

약자 앞에서만 강했던 자존감은 강자 앞에서는 쉽게 무너지는 허약한 감정일 뿐이다. 진정으로 자존감이 높은 사람은 자신의 부정적인 모습조차 있는 그대로 받아들일 수 있다. 남들의 시선을 지나치게 의식하는 것도 같은 맥락이다. 타인의 평가를 신경 쓰느라 우리는 불필요한 에너지를 소모한다. 이는 나 자신에 대한 관심이 아니라, 내가 결코 바꿀 수 없는 타인의 생각과 행동에 에너지를 빼앗기는 것이다.

지금까지 우리가 얘기해 온 것은 나의 뇌를 활용해 나의 생각을 다루는 방법에 관한 것이었다. 우리가 바꿀 수 있는 것은 오직 그것뿐이다. 그러니 오로지 자신에게만 집중하라. 바꿀 수 없는 것에 에너지를 낭비하지 마라. 상대가 아닌 내가 변해야 하고, 상대가 아닌 내가 강해져야 한다. 그러니 외부의 스트레스 요인에 초점을 맞추고 있다면, 지금 당장 그 초점을 전환하라. 그것이 떠오를 때마다 'STOP'을 외치고, 의식적으로 시선을 자신에게 돌려라. 처음에는 쉽지 않더라도 의식적으로 계속해야 한다. 그러다 보면 온전히 나에게만 집중할 수 있게 될 것이다. 세상을 바꾸진 못하지만 세상을 대하는 나의 관점은 바꿀 수 있다. 변화는 그렇게 만드는 것이다. 그러니 오롯이 나에게만 집중하라!

마음의 소리? 진정한 자아? 그거 어디서 찾는 거야?

하지만 나에게 집중할 필요가 없는 것도 있다. 바로 '마음속 소리'다. 어릴 적 나는 문구를 새겨주는 열쇠고리에 이렇게 적었다.

"네 마음속 소리에 귀를 기울여라."

내가 생각해 낸 말은 아니었고, 추천해 준 문구 중에 마음에 드는 구절이었다. 그때부터 나는 내면의 소리를 들으려 애썼지만, 아무리 귀를 기울여도 도대체 이 녀석이 무슨 말을 하고 싶은지 알 수가 없었다. 그 이유는 마음속 소리를 찾는 것이 어려워서가 아니었다. 애초에 마음속 소리 자체가 존재하지 않았기 때문이다.

무의식이라는 것은 분명 존재한다. 우리가 의식하지 못하는 뉴런의 복잡한 전기적 신호의 과정들이 그것이다. 그러나 무의식적인 '생각'이 존재하는지에 대해서는 많은 의문이 제기된다. 닉 채터Nick Chater는 저서 『생각한다는 착각』에서 '무의식적 생각'이라는 개념은 강력한 미신에 불과하다고 단언한다. 그에 따르면, 우리에게 존재하는 것은 '의식적인 결과'와, 그것을 만들어 내는 '무의식적 과정'뿐이다.

다시 말해, 우리가 의식할 수 있는 것은 오직 정보의 해석 결과뿐이며, 무의식적이라 할 수 있는 것은 해석이 이루어지는 과정에 불과하다. 의식적인 생각 아래에 별도로 존재하는 무의식적 마음이나 무의식적 생각 같은 것은 없다. 우리가 잠을 자거나 다른 일을 할 때 조용히 작동하는 또 다른 사고 체계도 존재하지 않는다. 결국 아무리 마음속 소리를 찾으려 해도, 들으려 했던 내면의 목소리 자체가 애초에 존재하지 않았던 것이다.

그렇다면 결론은 분명하다. 내면 어딘가에 숨겨진 '진정한 목소리'를 찾아 헤맬 필요는 없다. 우리는 그 목소리를 스스로 만들어가는 존재다. 끊임없이 자신의 뇌와 대화하며, 자기만의 내면의 소리를 창조해 나갈 수 있다. 그러니 안심하라. 우리가 상상하는 '두뇌의 대화'와 '마음속 소리'는 결코 충돌하지 않는다. 처음부터 그 둘은 조화를 이루도록 설계되어 있다.

명상으로
고통의 연결고리를 끊어라

○ 가장 강력한 마음 기술, 명상

내 마음속에 열불이 나면 그 불은 가장 먼저 나 자신을 태운다. 그리고 그 불과 열은 나의 주변으로 퍼지고 주변을 태운다. 내 마음의 평안이 깨진다는 것은 그런 것이다.

우리 주변에는 마음의 불을 끄는 다양한 방법들이 많다. 호흡법, 운동, 힐링 프로그램 등 다양한 스트레스 해소법들이 있다. 물론 이들 또한 훌륭한 방법이다. 하지만 이는 마음에 불이 붙은 뒤 불을 끄는 방식이다. 반면, 명상은 애초에 내 마음에 불이 붙지 않도록 촉

촉하게 물을 주는 일이다. 애초에 불이 나지 않는다는 건, 평정심을 유지할 수 있다는 뜻이다. 평정심을 유지한다는 건 자신 앞에 나타난 문제들에 대해 당황하지 않고, 최선의 해결책을 찾을 수 있는 마음 상태라는 뜻이다. 흥분해서 화를 내지 않고, 좌절해서 포기하지 않고, 남 탓으로 돌리거나, 없는 것을 질투하거나, 실패했다고 울지 않는다는 의미다. 그러니 평정심이야말로 인생을 바꿀 수 있는 가장 중요한 마음 기술인 셈이다.

이러한 마음을 만드는 것이 명상이다. 스스로의 마음을 원하는 대로 통제할 수 있는 힘이 명상의 진정한 위력인 것이다. 또한 명상이 뇌에 변화를 일으키고, 신경 연결을 새롭게 형성하여 친밀감, 집중력, 사고력, 협동심과 관련된 능력을 향상시킨다는 수많은 과학적 증거들도 존재한다. 그래서 명상을 향한 찬사는 끝이 없다.

미국의 작가이자 기업가인 애덤 로빈슨 Adam Robinson은 이렇게 말했다.

"명상은 지금껏 존재한 것들 중 가장 실용적이고 강력한 생산성 향상 도구 중 하나다. 명상은 내가 한 최고의 투자다."

세계적인 베스트셀러 작가이자 교수인 유발 하라리 Yuval Noah Harari 역시 매일 두 시간씩 명상을 실천하며, 매년 한두 달간 긴 명상 수련 휴가를 떠난다. 그는 명상이 현실로부터 도피하는 것이 아니라, 오히려 현실에 더 깊이 다가가는 길이라고 강조한다. 또한 파란 눈의 스님 앤디 퍼디컴 Andy Puddicombe은 저서 『당신의 삶에 명상이 필요할 때』를 통해 명상의 과학적 효과를 소개했다.

1. 자기 통제력을 높여 준다.

명상을 하면 혈류량이 증가하고, 뇌 부위의 물리적 변화가 생긴다. 약물, 흡연, 폭식 등 중독 증상에 도움을 준다.

2. 스트레스 대응력을 높여 준다.

명상은 스트레스 상황이 많은 사람에게 도움이 된다. 군인, 경찰관, 소방관, 외상전문의, 운동선수 등 스트레스를 많이 받는 사람들의 수행력 증가에 효과적이다.

3. 뇌의 노화를 늦춘다.

명상을 한 사람과 하지 않은 사람의 인지 능력에 차이가 있는 것으로 밝혀졌다. 연구원들은 명상이 노화에 수반되는 회색질 감소를 실제로 막아준다는 사실을 발견했다.

4. 불면증에 효과적이다.

연구에 의하면 명상을 통해 불면증 환자의 58%가 잠드는 시간을 줄였으며, 불면증 환자의 98%가 약 복용을 줄이거나 끊었다.

5. 일을 처리하는 데 도움을 준다.

　연구원들은 명상을 수행한 사람들의 인지 능력이 크게 향상되었음을 발견했다. 그들은 지속적 집중이나 시간제한이 있어 스트레스가 심한 상황에서도 우수한 수행력을 보여 주었다.

　이것만 봐도 명상의 효과는 매우 강력하다는 걸 알 수 있다. 나 역시 거의 매일 명상을 한다. 하루에 1시간이나 2시간 동안 명상을 하는 것이 쉬운 일은 아니다. 때로는 매우 귀찮고, 시간을 내기 어려운 경우도 많다. 하지만 그 무엇보다 먼저 투자해야 할 것은 바로 자신의 뇌를 정화하는 노력이다. 멋대로 날뛰는 뇌를 제어하고 인생을 위해 활용하는 것보다 더 중요한 투자가 있을까? 나는 100일간의 집중 명상을 통해 네 가지를 이해했다.

1. 행복은 마음의 평안이다.

　인생을 살아가면서 겪게 되는 수많은 난관과 수많은 스트레스에 대처하는 능력은 행복을 결정짓게 된다. 우리가 마음의 평안을 유지할 수 있다면, 그 무엇도 자신을 괴롭힐 수 없다. 그것만큼 행복한 것은 없다. 진정한 행복은 물질에서 절대로 올 수 없다.

2. 내가 반응하지 않으면 고통은 없다.

　화를 내는 것은 스스로를 고통스럽게 만들 뿐이다. 누군가를 혐오하거나 나에게 없는 것을 갈망하는 것은 나를 망치는 마음의 못된 습관이다. 그 모든 것은 내가 반응하여 내 스스로 만드는 것이다. 고통은 내 안에만 존재한다.

3. 고통의 연결고리를 끊어낼 수 있다.

감각에 반응하는 마음의 습관은 본능적인 것이다. 그것이 화학 반응과 신경 반응을 만들어 내 안의 모든 고통을 만든다. 하지만 인간은 본능대로만 움직이지 않는다. 심지어 유전자의 본능도 거부할 수 있다. 따라서 마음의 습관을 바꾸고 고통의 연결고리를 끊어낼 능력이 우리 안에 있다.

4. 명상은 마음의 기술이며, 이는 뇌의 진화이다.

우리는 뇌의 능력을 발전시키고, 뇌를 더 잘 사용할 수 있다. 같은 사람이라도 어떤 사람은 신체를 더 잘 사용하는 것처럼 말이다. 명상은 뇌 사용 방법을 바꾸는 진화이며, 이를 통해 마음을 바꿀 수 있다.

마음은 뇌의 작용이다. 뇌가 다른 명령을 내리면 마음도 다르게 반응한다. 뇌가 다른 명령을 내릴 수 있도록 능력치를 향상시키는 것이 명상이다. 또한 명상은 특정 종교적 활동이 아니다. 명상은 보편적이다. 왜냐하면 인간의 고통은 보편적이기 때문이다. 누구에게나 적용된다는 뜻이다. 기독교인의 분노, 힌두교인의 분노, 불교인의 분노가 따로 있지 않다. 한국인의 고통, 미국인의 고통, 러시아인의 고통이 다르지 않다. 그래서 명상은 모두의 길이다. 이 길은 내 마음을 위해서 평생을 걸어가야 하는 길이다. 그리고 이 길을 걸어간다는 건 행운이다. 앞으로 명상을 통해 스스로를 계속 진화시켜 나가는 것은 그 어떤 것보다 중요하다고 확신한다.

나를 괴롭히는 고통의 연결고리 그리고 명상

명상을 하기로 결심했을 때, 나는 그리 큰 기대를 품지는 않았다. 단지 마음의 평정을 만드는 또 하나의 기술을 얻을 수 있을 것이라는 가벼운 기대만 했다. 그런데 뜻밖에도 내가 오랫동안 찾아 헤매던 답이 그곳에 있었다.

이미 2500년 전에 고타마 싯다르타Gautama Siddhartha는 인간을 고통으로부터 해방시킬 방법을 찾아냈고, 그 방법을 전파하는 데 여생을 바쳤다(참고로 명상은 종교가 아니며, 고타마 싯다르타는 종교를 만드는 데는 관심이 없었다).

그러나 세월이 흐르면서 이 탁월한 수행법은 점차 본래의 의도를 잃고, 형식만 남은 껍데기로 변질되어 결국 인도에서는 사라지게 되었다. 다행히 인접국 미얀마에서는 이 명상법이 순수한 형태로 보존되었고, 명상가 S. N. 고엔카Satya Narayan Goenka 의 헌신 덕분에 붓다의 수행법은 다시 전 세계로 퍼져나갈 수 있었다. 그 덕분에 나 역시 명상 센터에서 붓다가 깨달음에 이른 그 길을 따라 직접 수행을 배울 수 있었다.

찾아 헤매던 정답이 명상에 있었네

그 명상법이 위빳사나^{Vipassana} 명상이다. 위빳사나는 '사물을 있는 그대로 본다'는 뜻으로 자기 관찰을 통해 몸의 감각을 알아차리는 수련 방법이다. 당시 인도에는 수많은 명상과 수행법이 존재했지만, 고타마 싯다르타의 발견이 독특했던 점은 '감각과 반응의 관계'를 밝혀냈다는 데 있다.

앞서 '마음 작용 모델'에서 설명한 바 있지만, 이해를 위해 다시 한번 설명하자면, 고타마 싯다르타는 인간의 마음을 '의식 – 지각 – 감각 – 반응'으로 이해했다.

'의식'은 인식 행위, 즉 받아들이는 부분이다. '지각'은 인지 행위로 좋다, 나쁘다의 평가를 내린다. 그다음은 감각으로 들어온 '정보'에 가치가 부여되면 유쾌하거나 불쾌함을 느끼게 된다. 그 감각이 유쾌하면 우리는 갈망을 하게 되며, 감각이 불쾌하면 우리는 혐오를 하게 된다. 이것이 '반응'이다. 그리고 이런 흐름은 순식간에 일어난다. 즉, 우리의 마음은 세상에 반응하며, 갈망과 혐오를 불러일으킨다. 이것이 마음의 습관이자, 세상을 대하는 기본 원리이며, 동시에 고통의 근원이다.

감각에 반응함으로써 고통이 생겨난다. 반면, 감각에 반응하지 않는다면 고통 역시 사라질 수 있다는 뜻이다. 나와 세상 사이에는 언제나 '몸의 감각'이 존재한다. 우리는 외부 세계의 사건 자체가 아니라, 그 사건을 통해 일어나는 내 몸 안의 감각에 반응하는 것이다. 따라서 '감각'과 '반응'이야말로 우리 마음의 가장 깊은 비밀이다.

우리 뇌에는 고통의 연결고리가 있다

그렇다면 왜 고통을 불러일으키는 '마음의 습관'이 인간에게 보편적으로 자리 잡게 되었을까?

과학적 연구에 따르면, 인간은 약 300만 년에 걸쳐 감정의 생물이 되었다. 진화의 과정에서 생존과 번식에 유리한 것은 쾌감의 감정으로, 불리한 것은 불쾌감의 감정으로 발달했다. 따라서 우리의 모든 반응은 쾌감과 불쾌감을 기준으로 나뉘고, 쾌감은 갈망을, 불쾌감은 혐오를 만들어 낸다.

이것이 고통을 생성하는 우리의 마음 습관이다. 또한 마음은 몸의 감각과 깊은 연관을 맺고 있다. 어떤 자극에 반응할 때, 감각기관을 통해 뇌의 신경망이 활성화된다. 그 과정에서 대뇌변연계는 시상하부에 명령을 보내고, 시상하부는 다시 화학 반응과 신경 반응을 일으킨다.

그리고 우리는 자동적으로 그에 상응하는 반응을 보인다. 불쾌한 감각에 반응하면 아드레날린과 코르티솔이 분비되고, 교감신경이 활성화되어 혐오 반응이 나타난다.

반면, 유쾌한 감각에 반응하면 도파민과 엔도르핀이 분비되며, 더 많은 만족을 갈망하게 된다. 그리고 이를 충족하지 못하면 스트레스 반응이 또다시 일어난다. 이는 외부에 일어난 일에 대한 반응뿐 아니라 머릿속에서 만들어진 걱정이나 생각을 떠올릴 때도 마찬가지다. 머릿속에서 만들어진 것은 실제 상황과 동일한 감정을 경험하게 된다. 이렇게 우리는 감각에 대한 반응을 통해 스스로 고통을 계속 만들어 내고 있으며, 바로 이 지점이 고통의 연결고리인 것이다.

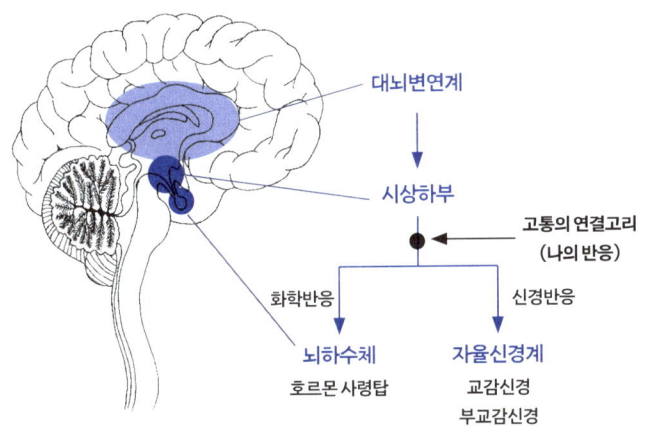

반응하지 않으면 고통은 사라진다

따라서 위빳사나는 온몸의 모든 감각을 알아차리고 지켜볼 뿐,

그 어떤 감각에도 반응하지 않음으로써 마음의 습관을 바꾸는 연습이다. 감각에 반응하면서 모든 마음의 문제를 일으켰다면, 그 고리를 끊어내는 것이다. 뇌과학적으로 설명하면 대뇌변연계와 시상하부는 유쾌하거나 불쾌한 감각을 인지하면 자동으로 다음 반응을 준비한다.

위빳사나 명상은 바로 이 지점에서 고리를 끊어, 더 이상 반응하지 않는 마음 상태를 만드는 것을 목표로 한다. 반응하지 않기로 결심하면, 뇌하수체는 호르몬 분비를 지시하지 않고, 자율신경계의 교감신경도 활성화되지 않는다. 그 결과 스트레스 호르몬이 분비되지 않고, 교감신경이 유발하는 스트레스 반응 역시 일어나지 않는다.

그럼으로써 우리는 마음의 평안과 순수한 마음 상태를 만들어가는 것이다. 순수한 마음에서는 세로토닌과 옥시토신이 자연스럽게 분비된다. 여기서 중요한 의미는 우리가 스스로 호르몬을 선택할 수 있다는 데 있다. 스트레스 호르몬 대신 평안을 주는 호르몬을 선택함으로써, 고통을 지워내고 행복의 상태를 스스로 만들어갈 수 있다는 뜻이다. 인생이 계획대로 흘러가지 않더라도, 스트레스를 이겨낼 수 있다면 무엇이 문제겠는가? 호르몬을 선택할 수 있다면, 다른 인생을 선택할 수 있는 힘 또한 우리 안에 있는 것이다.

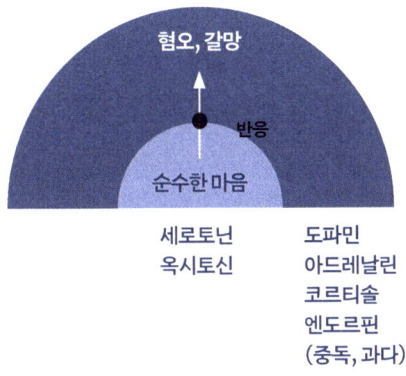

명상이 어떻게 고통의 기억을 치유할까?

그런데 단순히 몸의 감각을 지켜보기만 하는 것이 어떻게 마음을 치유하고 평안한 상태를 만들어 낼 수 있을까? 우선 우리의 뇌는 생존이 가장 중요한 임무임을 기억해야 한다. 생존보다 중요한 것은 없으므로 모든 작동은 이에 맞춰져 있다. 그래서 우리 뇌는 수시로 위험 요소를 점검하느라 끊임없이 기억을 분류한다. 생존을 위해 중요한 기억을 계속 소환하고 잊지 않으려 보관한다. 그래서 어떤 기억이 떠오르면 우리는 본능적으로 투쟁하거나 도피할 준비를 하게 된다. 그 기억은 생존에 반드시 필요한 정보로 인식되기 때문이다.

예를 들어, 나를 향해 욕을 했던 사람이 있다고 하자. 그 기억은 뇌에 의해 '싸워야 할 투쟁 대상'으로 분류된다. 그리고 시간이 지나도 그 생각은 반복적으로 떠올라, 몸은 전투 준비를 하게 된다. 가슴은 부글부글 끓어오르고, 온몸은 스트레스 호르몬으로 무장한다. 이런 반응이 반복되면 결국 장기기억으로 굳어진다. 특히 강한 충격을 수반한 기억은 트라우마나 콤플렉스로 이어질 수 있다.

비슷한 상황이 다시 발생하면, 우리는 본능적으로 과거의 기억을 떠올리고 당시의 경험과 비교한다. 그리고 경험은 언제나 감정을 동반한 느낌으로 저장되기 때문에 그 순간의 감정적 스트레스가 다시 되살아난다. 이것이 우리가 평소 세상과 마주하며 대처하는 방식이다. 하지만 더 이상 스트레스 반응을 일으키지 않는다면, 뇌는 그 기억을 다시 분류하기 시작한다. 즉, 생존에 필수적이지 않은 정보로 판단하게 되는 것이다. 자극되지 않는 신경세포 간의 연결은 자연스럽게 약화되고 끊어지며, 과거의 나쁜 기억은 더 이상 떠올릴 필요가 없어지게 된다. 그 기억은 '투쟁 명단'에서 제외되고, 뇌는 더 이상 전투 태세를 갖추지 않는다.

그 결과, 같은 기억이 떠오르더라도 마음은 이전과 달리 평온함을 유지할 수 있게 된다. 반응하지 않으면 기억은 점차 힘을 잃어 버린다. 따라서 자신의 몸에서 일어나는 감각을 그저 지켜보고, 그 감각에 반응하지 않는 연습을 계속하면, 세상에 자동적으로 반응해 오던 뇌의 습관 자체를 바꿀 수 있다. 즉, 뇌가 점차 자신을 객관적으로 바라보기 시작하면서, 감정 뇌의 반사적인 반응 패턴이 서서히 변화하는 것이다.

콤플렉스나 트라우마의 과거 기억도 재소환해서 치유한다

객관적 탐구를 통해 감각에 반응하지 않는 습관을 형성하면, 뇌가 세상에 반응하는 방식을 바꾸게 된다. 뇌는 자신을 하나의 객관적 대상으로 인식하기 시작하고, 몸의 느낌에도 더 이상 자동적으로 반응하지 않게 된다. 과거의 투쟁 기억이 떠올라도 반응하지 않으며, 외부 세계의 자극에도 흔들리지 않게 된다. 그 결과 마음은 평정심을 유지할 수 있게 된다. 대상에 대한 갈망이나 혐오가 사라지고, 마음에는 오직 순수함만이 남는다. 결국 마음의 평정이란 순수함 그 자체인 것이다.

그런데 현재의 투쟁 기억이 사라지면 과거의 투쟁 기억이 떠오른다. 현재의 위험이 제거되었으므로, 당장 급하진 않아서 저장해 두었던 과거의 생존 기억을 다시 소환할 수 있는 여유가 생긴 것이다. 그래서 명상을 꾸준히 하면 과거의 기억, 즉, 콤플렉스나 트라우마 같은 마음속 깊이 저장된 강력한 기억까지 차례대로 소환하여 치유할 수 있게 된다.

우리에겐 생존을 위한 마음의 전투 태세가 항상 문제였다. 감각은 인간이 세상을 판단하는 기본적인 방식이다. 미각, 후각, 촉각, 시각, 청각, 통증에 우리는 당연히 본능적으로 반응해 왔다. 특히 통증에는 뇌가 즉각 대응해야 한다고 인식한다. 그러나 만약 자신을 객관적 대상으로 인식할 수 있다면, 통증에도 더 이상 반응할 필요가 없다. 그저 관찰할 뿐, 고통은 더 이상 나의 것이 되지 않는 것이다.

이것이 우리가 가지고 있는 위대한 능력 중 하나이며, 더 이상 스스로를 학대하지 않는 방식이다. 여러 번 반복하지만 내 마음속에 지옥을 만들고 자신의 괴롭히는 것은 외부 세상이 아니다. 나의 마음에 대한 모든 책임은 전적으로 나 자신에게 있다.

평점심을 만들면 인간은 해결책을 찾는다

마음이 불안한 상태는 감정 좌뇌가 활성화된 상태를 의미한다. 이때는 경계하거나 싸움을 해야 하기 때문에 스트레스 호르몬이 분비되고 교감신경이 작동한다. 이런 상태에서는 당연히 사고를 담당하는 뇌는 제대로 활동하기 어렵다. 하지만 감정 뇌의 불안을 잠재우면 본격적으로 전두엽을 활성화할 수 있다. 전두엽은 대뇌신피질 중 이마 부분에 위치한 영역으로, 우리가 새로운 것을 학습하고 미래를 설계할 수 있는 능력을 부여한다.

따라서 마음의 평정을 유지한다는 것은 전두엽이 본격적으로 활동할 수 있는 토대를 마련하는 일이다. 마음이 평온해지면 전두엽은 비로소 내 앞에 놓인 문제에 대해 깊이 고민하고 해결책을 모색할 수 있게 된다. 이는 곧, 마음의 평정을 만드는 명상이 인생을 긍정적으로 이끄는 능동적인 행위임을 의미한다.

명상은 혼자만의 도피가 아니며, 감정이 없는 식물인간 상태가 되는 것도 아니다. 오히려 마음이 편안하고 안정되면 문제 해결을 위한 창의력이 발휘되고, 비로소 주변을 바라보고 돌볼 수 있는 사랑과 자비가 싹트기 시작한다. 비행기 안전 지침에서 '산소마스크가 내려오면 먼저 자신이 착용한 후 동반자를 도우라'고 하는 것도 같은 맥락이다. 내가 위급한 상황에 빠져 있다면 누구도 도울 수 없기 때문이다.

마음이 평온해지면 인간은 누구나 스스로 해결책을 찾는다. 인생은 선택과 문제의 연속이다. 이러한 선택과 판단들이 모여 우리 인생의 길을 만들어간다. 따라서 매 순간 올바른 판단과 선택을 내리는 것은 절대적으로 중요하며, 이 선택은 감정적인 결정이 아니라 '평정심'에서 비롯될 때 더 나은 결과를 만들어 낸다는 것은 자명한 사실이다. 물론 평정심을 기반으로 한 선택이 항상 성공을 보장하는 것은 아니다.

그러나 어떤 상황에서도 최선의 선택을 이끌어 낼 수 있으며, 설령 실패하더라도 스스로를 자책하지 않게 해 준다. 그래서 명상은 인생의 올바른 길을 끊임없이 만들어가고, 그 길을 묵묵히 걸어갈 수 있도록 이끌어준다. 명상은 분명히 능동적인 삶의 행위다.

˚ 자신을 위해 매일 앉아라

이제 본격적으로 명상하는 방법에 대해 알아보자. 명상의 방법에는 여러 가지가 있겠지만 호흡에 집중하는 아나빠나 명상과 몸의 감각에 집중하는 위빳사나 명상을 소개한다. 이 두 가지 방법만 꾸준히 수행해도 마음의 평정을 이루기에는 충분하다.

집에서 하는 명상법
1. 푹신한 곳에 앉는다.

바닥에 푹신한 방석을 깔고 앉는다. 방석이 없으면 베개를 깔고 앉아도 된다. 바닥에 앉지 못하는 사람은 의자나 침대에 앉아도 된다. 하지만 가급적 바닥에 앉는 것을 권한다.

2. 책상다리라고 불리는 평좌로 앉는다.

책상다리를 하고 앉는다. 가부좌나 반가부좌도 있으나 잘 안 된다. 되는 사람만 해라. 허리를 펴고 손은 무릎 위에 자연스럽게 올리고 되도록 움직이지 않는다. 처음 하는 사람은 조금만 지나도 다리가 아파 온다. 가급적 움직이지 않으려고 노력하되, 자신을 고문하는 건 아니니 너무 아프면 자세를 바꿔도 된다. 평좌로 앉는 이유는 가장 오래 집중할 수 있는 자세이기 때문이다.

3. 호흡에만 집중한다.

눈을 감고 내 호흡에만 오롯이 집중한다. 콧구멍으로 들어오는 숨, 나가는 숨을 관찰한다. 가끔 숨을 크게 들이마셔도 되지만, 호흡을 조절하는 호흡법이 아니니 자연스러운 호흡을 그대로 관찰한다. 하지만 머릿속에는 수많은 생각이 계속 일어나며 호흡에만 온전히 집중하는 것이 얼마나 어려운지 알게 될 것이다. 한마디로 지금 내 마음은 정신 나간 듯이 헤매고 있다. 아무 생각을 안 하고 호흡에만 집중하려고 해도, 머릿속이 미래로 갔다, 과거로 갔다 이 생각을 하다 저 생각을 하고, 한시도 가만히 있지를 못한다. 내 마음이 미쳐 날뛰고 있는 중이다.

이것은 우리 마음의 습성이다. 마음이 헤매고 있다는 사실을 받아들이면 된다. 이것이 지금 자신의 모습이다. 내 마음이 내 맘대로 되지 않는 것을 인식하는 것. 거기서부터 자신을 알아가기 시작하는 것이다. 마음이 떠돌아다니는 걸 알아차리면 다시 호흡에 집중하고, 또다시 마음이 흐트러지면 다시 호흡에 집중하려고 노력하라. 여기서 왜 명상은 호흡에 집중하는지 S. N. 고엔카^{Satya Narayan Goenka}를 비롯한 명상가들의 설명을 참조하여 잠시 정리하고 넘어가 보자.

· 호흡은 본질적으로 마음 상태와 강력히 연결되어 있다.

호흡은 의도적으로 조절할 수도 있지만, 의도와 무관하게 자연스럽게 일어나는 활동이기도 하다. 온갖 분노, 증오, 원한, 공포 등의 부정성으로 마음이 흔들리면 호흡은 비정상적이 된다. 그리고 부정성이 사라지면 호흡은 다시 되돌아온다. 그래서 호흡은 부정성과 연결되어 있다. 이를 통해 마음의 근원과 실제를 탐구하도록 도와준다.

또한 무의식적 행위 중에 우리가 의식적으로 통제가 가능한 것은 호흡이 유일하다. 따라서 호흡을 통해 우리는 마음 깊은 곳의 무의식과 연결될 수 있다.

· **지금 이 순간을 살게 한다.**

마음은 과거 아니면 미래를 헤맨다. 이것은 마음의 습성이다. 마음은 현재 이 순간에 머무르려 하지 않는다. 하지만 과거는 지나갔고, 미래는 오지 않았다. 호흡에 집중하면 온전히 지금 이 순간에 사는 법을 배우게 된다.

· **갈망, 혐오, 무지로부터 자유로워진다.**

호흡에 대해서 갈망하거나 혐오를 가지는 사람은 없다. 환상이나 망상과도 다르다. 그래서 호흡에 집중하는 순간에는 갈망, 혐오, 무지로부터 자유롭게 된다. 비록 그 순간이 짧다 하더라도 이런 것들에 맞설 수 있을 정도로 강력하다. 호흡은 늘 나와 함께해 왔지만, 정작 제대로 경험해 본 적은 없었던 것이다.

따라서 우리는 호흡을 통해 마음과 연결될 수 있다.

4. 온몸의 감각에 집중한다.

이제는 온몸에서 느껴지는 모든 감각을 관찰하는 단계다. 정수리부터 얼굴을 훑어 내려오면서 미세한 감각을 느껴본다. 얼굴을 지나 목을 타고 내려오며 느껴지는 모든 감각에 집중한다. 그리고 어깨에서 오른팔 오른손, 어깨에서 왼팔 왼손까지 타고 흐르는 감각을 느낀다. 몸통과 등, 그리고 다시 오른쪽 다리와 왼쪽 다리까지, 천천히 온몸을 훑으며 구석구석의 감각을 관찰한다.

순서는 상관없으나, 천천히 모든 곳의 감각을 느낀다. 온몸의 생화학 반응들이 느껴지는데, 중요한 것은 모든 감각에 반응하지 않고 그저 지켜보는 것이다. 감각이 느껴지지 않는 부위가 있다면 잠시 그 자리에 머물러 느낌이 올라오는지 기다린다. 아무 감각이 느껴지지 않으면 집착하지 말고 다음 부위로 자연스럽게 이동한다. 처음에는 아무런 느낌이 없을 수 있다. 그러나 꾸준히 명상을 이어가다 보면, 시간이 지날수록 몸속의 미세한 감각들이 점차 또렷하게 느껴지기 시작할 것이다.

'호흡'에만 집중하는 것이 아나빠나 명상이며, '온몸의 감각'에 집중하는 단계부터 위빳사나 명상이 시작된다. 처음 일주일은 호흡에만 집중한다. 그다음 일주일은 호흡과 함께 코 전체(삼각형)의 느낌에 집중한다. 또 그다음 일주일은 호흡이 들고 나는 코 밑(인중 부분)의 느낌에 집중한다. 그 뒤에 위빳사나 명상으로 넘어간다.

위빳사나 명상을 수행하더라도, 명상을 시작할 때나 마음이 흐트러질 때는 아나빠나 명상으로 돌아가 다시 안정시킨 뒤, 마음이 고요해지면 위빳사나로 자연스럽게 이어가면 된다.

5. 매일 명상한다.

매일 아침, 저녁으로 1시간씩 명상한다. 만약 시간이 부족하다면, 10분 정도 짧게 명상해도 괜찮다. 시간이 짧을 경우에는 틈틈이 시간을 내어 명상을 이어간다. 특히 침대에서 눈을 뜬 직후 5분간, 잠들기 전 5분간 몸의 감각을 조용히 관찰하는 것이 좋다. 또한 일상생활 중에도 중간중간 스스로를 점검하며, 알아차림과 평정심을 유지하고 있는지를 살펴본다.

6. 주의사항

반드시 주의할 점은 통증이나 가려움 같은 불쾌한 감각을 느껴도 절대 혐오하지 말고, 기분 좋은 감각을 느껴도 그 감각을 다시 느끼고 싶다고 갈망하지 말아야 한다. 즉, 어떤 감각에도 반응하지 않고 그저 알아차리고 지켜보기만 해야 한다. 우리가 하려고 하는 것은 감각에 반응하지 않는 마음의 습관을 만들어서 고통의 연결고리를 끊어내는 작업이기 때문이다. 모든 감각은 단지 일어났다 사라질 뿐이다.

　이 외에도 명상에는 다양한 방법들이 있지만, 앞서 소개한 두 가지 방법만으로도 충분하다. 그러나 무엇보다 중요한 것은 반드시 실천하는 것이다. 명상은 이론이 아니라 실천이다. 오래, 그리고 꾸준히 이어가는 것이 가장 핵심이다. 또한 새로운 명상 방법을 배웠다면, 다른 방식과 섞지 말고 오로지 그 방법대로만 수행하는 것이 좋다. 혼합하면 집중력이 흐트러지고 본질을 놓치기 쉽다.

　이제 중요한 것은 명상을 '아는 것'이 아니라, '하는 것'이다. 지금 이 순간, 조용히 앉아 명상을 시작하라. 명상을 좀 더 체계적으로 배우고 싶다면 자발적 기부로 운영되는 위빳사나 명상센터, 담마코리아 〈https://korea.dhamma.org/ko/〉를 검색하면 도움을 받을 수 있다.

뉴런을 바꾸는
강력한 책 읽기

◦ 책 읽기가 뇌의 연결을 바꾼다

　동서고금을 막론하고 시대가 아무리 변해도 변하지 않는 한 가지 조언이 있다. 바로 "책을 읽어라!"라는 말이다. 세상에는 수많은 생각과 주장이 뒤엉켜 있지만, 독서의 중요성에 대해서는 누구도 이견을 제기하지 않는다. 그만큼 인류는 오래전부터 독서가 지닌 힘과 가치를 깊이 인식해 왔다.
　그렇다면 실제로 독서를 하면 뇌에는 어떤 변화가 일어날까?
　우리의 뇌에는 약 1,000억 개의 뉴런과 1,000조 개에 이르는 시냅스가 존재하며, 이들은 놀라운 조합으로 정보를 주고받는다. 독서를 시작하는 순간, 이 방대한 수의 뉴런이 활성화되며 새로운 뇌 회로가 형성되기 시작한다. 뉴런 간의 연결은 1,000분의 1초라는 극히 짧은 시간 안에 뇌 전역에서 반응하며, 이때 '읽기 회로'는 전두엽, 측두엽, 두정엽, 후두엽 등 대뇌피질 전반은 물론, 대뇌변연계, 간뇌, 소뇌, 뇌간에 이르기까지 거의 모든 뇌 부위를 동원하게 된다.

우리는 흔히 초능력자가 등장하는 영화를 통해, 인간은 뇌의 일부만 사용하고 있다고 오해하곤 한다. 그러나 실제로 글을 읽는 행위만으로도 뇌 전체가 복합적으로 작동한다. 어떤 의미에서 우리는 책을 읽을 때, 영화 속 초능력자처럼 뇌의 전 영역을 가동하고 있는 셈이다.

독서를 할 때 우리는 초능력자가 된다

글을 읽으면 단어와 문장을 연결하게 되고, 새로운 이미지를 만들고, 상황을 추리하고 분석한다. 단어 하나를 읽을 때마다 수천, 수만 개의 뉴런들이 작동하며, 읽는 행위 자체만으로 엄청난 뇌의 작용을 만들어 낸다. 이를 통해 신경망 연결이 왕성하게 일어난다. 그러니 읽는다는 행위 자체가 뇌 속의 엄청난 변화를 일으키는 것이다.

그런데 한번 생각해 보자. 우리의 모든 생각과 감정과 생리적 반응은 모두 뇌에서 이루어진다. 뇌가 우리를 만들고 있는 것이다. 그런데 뇌의 회로를 바꾼다는 것은 이 모든 것을 바꿀 수 있다는 것이고, 사실상 나의 모든 것을 바꾸는 것이나 다름없는 것이다.

전 세계를 열광시키는 월드컵을 떠올려보자. 같은 국가라도 감독의 결정에 따라 선수 구성과 팀 색깔이 달라진다. 그래서 이전과는 완전히 다른 새로운 팀으로 거듭나기도 한다. 그 결과 월드컵에서 단 1승도 거두지 못했던 대한민국은 2002년 월드컵에서 포르투갈, 이탈리아, 스페인 등 강팀을 연달아 격파하며 4강 신화를 만들었다. 카타르 월드컵에서 대한민국이 포르투갈을 꺾고 16강에 올라갈 수 있었던 이유 중 하나도, 후반 선수 교체를 통해 공격 방식을 재구성했기 때문이다.

우리의 뇌도 스스로 그렇게 할 수 있다. 어떤 전술을 쓰고, 어떤 선수를 선발하느냐에 따라 전혀 다른 팀이 되는 것처럼, 어떻게 뉴런과 시냅스를 재배치하느냐에 따라 다른 생각을 할 수 있다. 뇌의 네트워크 구조를 바꾸면서 더욱 강하고 새로운 사람으로 자신을 업그레이드할 수 있는 것이다. 그러면 우리는 월드컵뿐만이 아니라 변화된 자신에게도 열광할 수 있다.

나를 다른 사람으로 바꿀 수 있을 만큼 뇌의 힘은 무궁무진하다. 그리고 그 힘을 끌어내는 가장 강력한 방법이 바로 '책 읽기'다. 책을 읽는다는 것은 뇌 안에 새로운 회로를 구축하는 일이며, 동시에 뇌의 사용 방식을 근본부터 바꾸는 일이다. 다시 말해, 독서는 뇌를

'리빌딩'하는 강력한 도구인 것이다.

우리의 뇌는 우리의 생각보다 대단하다

특히 놀라운 점은 뇌의 회복력이다. 뇌는 그 기능이 저하되어도 얼마든지 다시 건강한 상태로 회복할 수 있다. 다만 이를 위해서는 뇌를 충분히 사용해야 한다.

정신과 전문의 다니엘 G. 에이멘^{Daniel G. Amen}은 저서 『뇌는 늙지 않는다』에서 '뇌는 근육과 같아서, 사용하지 않으면 사용 능력을 잃게 된다'고 강조했다. 정신 능력이 가장 크게 감퇴하는 시기는 학교 교육을 마친 이후와 은퇴 이후인데, 이는 배우고 성장하기 위해 스스로를 밀어붙이지 않기 때문이라고 지적했다. 특히 그는 뇌 촬영을 통해 '나이가 많은 사람들의 뇌도 외형적으로나 기능적으로 놀라운 수준을 유지할 수 있다'고 확인하며, 매일 '최소 30분 이상 책을 읽을 것'을 강력히 권장했다.

그러니 우리의 뇌를 결코 과소평가하지 말자. 뇌를 늙지 않게 유지하기 위해서라도 매일 책을 읽는 습관은 반드시 필요하다. 책을 읽는 뇌의 힘은 충분히 믿을 만하다. 에밀리 디킨슨^{Emily Dickinson}은 "뇌는 하늘을 담을 수 있기 때문에 하늘보다 넓다."라고 말했다. 인류가 이루어낸 수많은 성과는 한계 없이 크고 넓은 인간의 뇌가 만들어 낸 결과다. 『이기적 유전자』의 저자 리처드 도킨스^{Richard Dawkins}는 미시적 세계인 유전자의 비밀을 밝혀낸 인간의 위대함을 이렇게 표현했다.

"지구의 생명체들은 자신들 중 하나가 진실을 밝혀내기 전까지 30억 년 동안 자신이 왜 존재하는지조차 알지 못했다. 어떤 행성에서 지적 생명이 성숙했다고 말할 수 있는 때는, 그 생명이 자기 존재 이유를 처음으로 인식했을 때다."

또한 『코스모스』의 저자 칼 세이건Carl Sagan은 거시적 세계인 우주의 기원을 인식한 인간의 위대함에 깊은 감탄을 표했다. 그는 이렇게 말했다.

"물질로부터 출현한 생명체가 의식을 지니게 되고, 자신의 기원을 대폭발의 순간까지 거슬러 올라가 인식할 수 있다니, 이것이야말로 우주의 대서사시가 아니고 무엇이겠는가."

이 모든 것은 책을 읽은 뉴런이 만들어 낸 힘이다. 뉴런은 하늘을 담아냈고, 자신의 존재 이유를 밝혀냈으며, 우주의 대서사시를 인식해냈다. 그 놀라운 뉴런이 지금 당신의 뇌 속에 1,000억 개나 존재하고 있다. 그리고 이 뉴런들을 어떻게 조합할지는 오로지 자기 자신에게 달려 있다. 바로 그것이 우리가 지닌 진정한 능력이다.

그러니 책을 통해 뉴런의 환상적인 조합을 만들고, 당신 안에 잠든 능력을 과감히 분출시켜라. 그리고 책을 읽는 자신을 믿어라. 진정한 초능력자는 전 뇌를 사용해 책을 읽고, 스스로를 확장시켜 나가는 바로 당신이다.

내가 만나는 또 하나의 세상

책은 또 하나의 세상이다. 책 한 권에는 한 사람의 인생과 경험, 철학이 고스란히 담겨 있다. 사람이 있고, 그 사람이 살아낸 삶이 녹아 있는 것이다. 그래서 100권의 책을 읽으면 100명을 만난 것이고, 1,000권을 읽으면 1,000개의 세상을 경험한 것과 다름없다. 그렇다 보니 책에는 내가 필요로 하는 모든 것이 들어 있다. 수도 없이 많은 사람이 수도 없이 많은 생각들을 담아낸 넓은 그릇이기에, 세상에 출간된 수억 권의 책에는 인류의 모든 지혜와 경험이 녹아 있다. 어떤 고민을 하든, 무엇을 필요로 하든, 심지어 자신이 무엇을 원하는지 모를 때조차, 그 해답을 알려 줄 수 있는 곳이 책이다.

그래서 책에 대한 예찬은 넘쳐난다. 예일대 최고의 명교수로 손꼽히는 철학자 셸리 케이건 Shelly Kagan은 자신만의 서재를 가지고 있으며, 책을 '서로 다른 목소리의 모음'이라고 표현했다. 각각의 다른 목소리는 새로운 세계로의 초대이며, 세상을 새로운 방식으로 바라보게 하고, 새로운 아이디어를 떠올리게 만든다. 그런 점에서 책은 다른 사람의 마음을 들여다보는 창문과도 같다고 덧붙였다. 『미라클 모닝』의 저자 할 엘로드Hal Elrod 역시 '어떤 주제든, 그 주제를 다룬 책은 무한에 가깝게 많다'며, 매일 독서를 통해 얻을 수 있는 지식 또한 무한에 가깝다고 말했다. 살아가면서 필요한 것이 무엇이든, 책은 우리에게 그 답을 알려 줄 수 있는 것이다.

이렇듯 책이란 새로운 세상이며, 우리에게 필요한 모든 목소리를 담고 있는 곳이다. 새로운 상상과 지식의 저수지이자, 인생 밖에 있는 것을 경험해 볼 수 있는 새로운 공간이기도 하다.

그럼에도 불구하고 책은 재촉하거나 부담을 주지도 않고, 언제나 묵묵히 우리가 책장을 펼칠 때까지 기다려준다. 그리고 우리가 언제든 책장을 펼쳐 글을 읽으면, 우리의 마음속을 울리는 깨달음의 감동을 전해 주곤 한다.

그렇게 하나의 글이 감동이 되어 나의 마음속에 들어온다는 것은 그 자체로 엄청난 인연이다. 세상에는 수많은 책이 있고, 하나의 책 속에도 수많은 문장이 있는데, 어느 한 구절이 나의 마음을 흔들었다는 것은 대단한 인연이라고밖에 설명할 수 없다. 필시 수백 광년의 세월을 지난 밤하늘의 별빛이 내 눈에 들어온 것과 같은 장엄함을 느낄 수 있을 것이다. 왜냐하면 그 감동은 절대 다르지 않기 때문이다. 그리고 바로 그 글이 나를 변하게 만들고, 나의 인생 항로를 개척하게 만들 수 있다. 책이란 그런 것이다.

지식도 복리처럼 쌓인다

책을 읽으며 많은 세상을 경험하다 보면 우리의 지식도 날로 늘어난다. 아마 재테크를 해 본 사람이라면 '복리의 힘'에 대해 들어봤을 것이다. 복리 이자나 복리로 불어나는 자산처럼 처음에는 미미해 보이지만, 시간이 갈수록 기하급수적으로 증가하는 것이 복리의 힘이다. 그래서 흔히 이를 '복리의 마법'이라고 부른다.

그런데 이 복리의 원리는 책을 읽을 때도 그대로 적용된다. 지식도 복리처럼 쌓이기 때문이다. 처음에는 얻는 지식이 미미해 큰 효과를 느끼기 어렵지만, 시간이 지날수록 읽은 책들 사이에 융합이 일어나기 시작한다. 비슷한 관점은 서로를 강화시키고, 다른 관점은 새로운 시야를 열어주면서, 어느 순간 지식은 복리처럼 폭발적으로 쌓인다. 100권의 책이 100이라는 생각의 힘을 만들어 냈다면, 500권은 500이 아니라 3,000을, 1,000권은 100,000의 복리 지식의 힘을 만들어 낼 수 있다.

수많은 책을 읽고 복리 지식의 마법을 경험한 사람은 세상을 전혀 다른 시각으로 바라볼 수 있다. 그리고 그렇게 쌓은 지식과 통찰은, 결국 종합적 사고를 가능하게 하며, 자신만의 고유한 세계관을 만들어 낸다. 그 세계관의 주인공은 다름 아닌, 바로 자기 자신이다.

책 읽은 게 기억이 안 나

우리는 보통 책을 읽고 시간이 지나면 내용이 잘 기억나지 않는다. 책은 읽은 후에는 60~80%만 기억나고, 3일 후에는 10%~20%, 6일 후에는 대부분 기억이 나지 않는다고 한다. 그렇다면 '책을 읽는 것이 무슨 소용이 있을까?'라고 생각할지도 모르겠다. 하지만 독서의 고수들은 생각이 다르다. 나이 서른에 책 3,000권을 읽었다는 이상민 저자는 이렇게 말했다.

"책을 읽은 후 내용이 기억나지 않는다고 걱정할 필요가 없다. 책을 한 번 읽으면 필요한 부분은 어떻게든 머릿속에 각인이 되어 있기 때문이다. 위기의 순간에서 인간의 기억력은 힘을 발휘하게 된다. 그러니 잊어버려도 된다는 생각으로 독서해도 괜찮다. 애쓰지 않아도 필요한 내용들은 언젠가는 다 기억이 나기 때문이다."

1만 7천 권을 소장하고 있다는 이동진 저자 역시 비슷한 견해를 밝혔다.

"어떤 것들은 당연히 기억이 안 나고, 어떤 것들은 기억이 나요. 저는 필요한 것은 결국 어떤 식으로든 기억이 난다고 생각해

요. 중요한 것이라면 그 책의 어느 페이지에 있는지까지 기억이 나거든요. 쉽게 말하면 서랍을 기억하는 거지 서랍 안의 내용물을 기억하는 게 아니에요."

다시 말해, 누구나 다 기억은 잊어버리기 마련이지만, 필요한 순간에는 기억이 떠오르기 때문에 걱정할 필요가 없다는 것이다. 나 역시 같은 생각이다. 기억이 나지 않는다고 해서 책을 읽은 것이 무의미한 것은 아니다. 읽은 내용은 내 머릿속에 차곡차곡 쌓여, 생각의 깊이를 더해 준다. 대학 시절 3일에 한 권꼴로 책을 읽었다는 채사장이라는 필명의 저자도 어느 순간 뇌가 스스로 정리하고 소화하는 경지에 이르렀고, 그 결과 생각의 힘이 커졌다고 말했다. 이는 읽은 내용이 꾸준히 머릿속에 축적되지 않고서는 불가능한 일이다.

읽기는 쌓이는 것이다. 그러니 기억이 나지 않는 것을 걱정할 것이 아니라, 책을 읽지 않는 자신을 걱정해야 한다.

중요한 책은 분해하고 흡수하라

그런데 책을 읽다 보면 가끔 너무 좋은 인생 책을 만나게 된다. 내용이 너무 마음에 들거나 삶에 꼭 적용시켜 보고 싶은 경우가 생긴다. 그리고 전체 내용이 특별히 인상적이지 않더라도 한두 문장이 나에게 꼭 필요한 경우도 있다. 그런 경우에는 그 부분만 따로 모아 내 것으로 만들어 버리는 방법을 활용한다.

우선 나는 책을 읽을 때는 꼭 밑줄을 치면서 읽는다. 그래야 나중에 다시 그 책을 펼쳤을 때 밑줄 친 부분을 중심으로 빠르게 훑어볼 수 있기 때문이다. 특히 그중에서도 정말 유용하고 필요한 부분이 있다면, 그 부분만 워드로 정리해 파일로 저장해 놓는다.

이렇게 해서 책마다 짧게는 서너 쪽, 길게는 20~30쪽 분량의 정리본이 만들어진다. 그리고 저장해 둔 파일은 필요할 때마다 휴대폰이나 컴퓨터로 틈틈이 꺼내 읽고 또 읽는다. 종이로 보는 것이 편하다면 원하는 크기로 출력해 활용해도 좋다. 좋은 책이라면 여러 번 읽는 것도 물론 의미 있지만, 항상 책 전체를 반복해서 읽을 필요는 없다. 어떤 책이라도 모든 부분이 다 필요한 것은 아니기 때문이다. 그래서 나는 효율을 높이기 위해, 읽는 동안 '정말 필요하다'고 생각되어 밑줄을 그어둔 부분만 발췌해 반복해서 읽는다. 이처럼 핵심을 발췌해 놓다 보니 짧은 시간 안에도 중요한 내용을 빠르게 다시 훑어볼 수 있다. 그렇게 여러 번 반복하다 보면, 다른 사람에게 내용을 설명할 수 있을 정도로 머릿속에 자연스럽게 자리 잡는다. 어느새 그 책의 핵심 이야기들이 내 것으로 완전히 체화되는 것이다.

나는 이 작업을 '책 속의 책'이라고 부르는데 2005년부터 시작되어 어느덧 18년이 되었다. 그렇게 만든 내용이 A4로 700페이지를 넘어섰다. 물론 밑줄만 치고 워드로 저정하지 않은 책들도 많다. 그런 책들은 밑줄 친 부분을 중심으로 전체적으로 다시 훑어보기도 한다. 이제 '책 속의 책'은 나만의 작은 도서관이 되어 상황에 맞는 필요한 메시지들을 언제나 전달해 준다. 워드 파일이기 때문에 필요한 특정 키워드를 검색하기도 용이하다.

특히 부정적인 생각들을 나도 모르게 하게 될 때, '책 속의 책'은 그것들을 제거하는 백신이 되어 새로운 에너지를 불어넣어 준다. 백신은 내 안에 침투한 분노, 실망, 절망, 좌절, 두려움, 스트레스 같은 부정적인 생각들을 빠른 시간 내에 사라지게 하고, 마음의 에너지 방향을 긍정으로 바꾸어, 다시 시작하도록 만들어 준다. 또한 바쁜 일상 속에 잊고 있었던 삶의 자세와 좋은 생각들을 다시금 일깨워 주기도 한다.

삶은 생각이 만들어 내고, 인생은 긍정과 부정의 싸움인 것을 생각하면 '책 속의 책'은 삶의 에너지인 셈이다.

또 다른 방식으로는 키워드 메모 방식이 있다. '책 속의 책'이 줄 친 문장만을 그대로 옮기는 것이라면, 전체 내용을 요약 정리해서 한두 장으로 간략하게 정리하는 것이 키워드 메모다. 전체적인 내용을 파악해야 할 때 효과적이다. 특히 각 장마다 핵심 문장을 뽑아 요약하면 전체적인 틀을 다시 한번 살펴볼 수 있고, 머릿속에 정리도 잘 된다. 보통 목차의 내용을 바탕으로 자기 나름대로 정리하면 된다. 꼭 이 방법이 아니어도 특정 주제의 문구만 모으거나, 특정 심리 상태에 필요한 문구들만 선별해 정리하는 식으로, 자신에게 맞는 방식으로 자유롭게 구성할 수도 있다.

나는 '책 속의 책' 말고도 게으른 상태일 때 자극을 받기 위한 문구를 모아 두 장짜리 글을 별도로 만들었다. 이동 중일 때 핸드폰으로도 자주 읽지만, 이런 글은 아예 출력해서 벽에 붙여두고 수시로 보는 편이다. 자주 눈에 띌수록 마음을 다잡는 데 큰 도움이 된다. 집 안 곳곳에 다양한 문구를 붙여두는 것도 좋은 방법이다.

내 나름의 정리를 하는 것은 책의 의미를 다시 한번 되새기는 데 도움이 된다. 그리고 정리가 되어야 반복적으로 볼 수 있고, 반복만큼 좋은 기억 방법도 없다.

좋은 책은 우리의 마음을 울리고 행동을 바꿀 수 있다. 그러니 좋은 글을 발견했다면 책을 분해하고, 나만의 보관 방법을 만들어서 뇌 속에 흡수하는 방법을 찾아보자. 다른 사람이 만들어 놓은 좋은 생각은 내가 흡수하면 내 것이 된다. 그리고 그것을 행동으로 만들어 내면 나의 삶이 되는 것이다. 타인의 생각과 경험이 담긴 책이 나의 생각과 경험과 합쳐지면, 나만의 새로운 삶이 창조된다. 책을 흡수하는 것은 새로운 창조의 과정인 것이다.

3부

뇌가
세팅되었으면
진짜 나를 시작하라

감정을 이해했다면
이제 그 감정이 이끄는 삶을 구체적으로 설계해야 한다.

나를 위한 인생 사업계획서는
세상이 나를 외면할 때조차 나를 지켜주는 유일한 지도다.
삶의 미션과 목적은 감정에서 비롯되며,
감정의 동의 없이는 어떤 계획도 지속될 수 없다.
WHY에서 시작된 질문은 WHAT, HOW, WHEN으로 이어지며,
인생의 방향을 명확히 잡아준다.

'뭐 하고 살지?'
답을 찾는 방법

○ 감정이 만드는 미션: 내 인생에도 사업계획서가 필요해

자신의 감정과 친해졌다면 이제는 삶을 설계할 차례다. 긍정적인 생각이나 좋은 기분이 물론 중요하지만, 그것만으로는 현실이 바뀌지 않기 때문이다. 결국 인생을 바꾸는 것은 그런 생각과 감정을 행동으로 옮길 때 비로소 가능해진다. 우리가 감정을 통제하고 전두엽을 활성화하려는 이유는 최선의 해결책을 찾아내고 그것을 행동으로 실천하기 위함이다.

소중한 나를 위해 계획하라

회사 생활을 하며 아무리 애써 연간 계획이나 프로젝트를 세워도, 40~50대가 되면 회사는 결국 명예퇴직을 요구하게 된다. 언젠가는 우리가 더 이상 필요하지 않은 존재가 된다는 사실과 마주하게 된다. 그러나 나를 위한 사업계획서는 결코 나를 버리거나 쓸모없게 만들지 않는다. 오히려 세상이 나를 외면할 때, 가장 절실히 필요한 것은 바로 나를 위한 인생 사업계획서다.

그러니 이제 나를 위한 인생 사업계획을 만들어 보자. 내 인생의 목적이 무엇인지, 올해 이루고 싶은 목표가 무엇인지 진지하게 고민해 보자. 계획서라고 해서 거창하게 만들 필요는 없다. 짧아도 되고, 중간중간 계속 수정하고 바꿔도 상관없다. 오히려 바뀌지 않는 계획이란 존재하지 않는다고 생각하는 게 맞을 것이다. 하지만 그럼에도 계획은 세워야 한다. 자기 인생의 의미는 찾아 나서야 한다. 무엇을 위해 좋은 생각을 하고, 무엇을 위해 과정을 거치며 노력을 해야 하는지는 알고 나아가야 하기 때문이다. 그것이 지도이며, 나침반이며, 이정표이다.

우리는 앞서 정체성이 나의 생각을 만들고, 나의 행동을 이끈다는 것을 살펴보았다. 또한 정체성에는 미션과 목적이 수반된다는 점도 이야기했다. 이 부분은 인생 계획서를 만드는 데 매우 중요한 요소이기에, 다시 한번 정리해 보자.

우선 미션은 존재의 의미이자 삶의 철학이다. 쉽게 말해 삶의 '목적'이라고 볼 수 있다. 그리고 이 미션을 수행하기 위해 설정하는 장기 과제가 바로 비전이다. 목적에 따라 구체적인 목표를 설정하는 것이라고 이해하면 된다. 즉, 미션은 '목적'을, 비전은 '목표'를 의미하는 개념이라 할 수 있다. 결국 존재의 의미와 삶의 철학, 즉 미션과 목적이 무엇보다 중요하다. 왜냐하면 자신의 정체성이 미션과 목적에 부합하지 않는다면, 인생 역시 계획한 대로 흘러가지 않기 때문이다.

앞서 정체성은 감정에서 비롯된다고 설명한 바 있다. 그리고 미션 역시 감정에서 나온다. 따라서 미션과 감정은 서로 같은 코드를 가져야 한다. 이 말은 아무리 멋진 선언적 구호나 훌륭한 문구를 나열해 미션 선언문을 만든다 해도, 감정적으로 진심으로 동의하지 않는다면 그것은 진정한 미션이 될 수 없다는 뜻이다. 자신의 정체성이 미션과 일치하지 않는다면, 우리는 결국 그것을 실천할 수 없다. 그래서 미션은 반드시 감정 뇌의 영역에서 찾아야 한다. 그래야만 자신의 정체성과 일치하고, 감정의 진정한 동의를 얻을 수 있다. 진정한 열정과 끈기는 바로 그 지점에서 비롯된다.

우리가 무언가에 금방 싫증을 느끼거나 흐지부지 끝나버리는 이유 역시 이 부분에 문제가 있기 때문이다. 사이먼 시넥Simon Sinek도 『Start with Why』에서 "열망을 자극하는 문구는 행동을 유도할 수 있지만, 그 행동은 오래가지 못한다."라고 지적하며 WHY의 중요성을 강조했다. 여기서 말하는 WHY가 바로 '미션'을 의미한다.

WHY는 감정 뇌의 영역

이를 뇌의 작동 구조를 통해 좀 더 세부적으로 살펴보자.

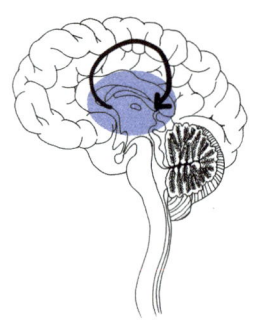

미션은 감정 뇌 부분에 위치한다. 바로 우리의 가슴을 두근거리게 만드는 그 느낌이다. 그리고 감정 뇌에는 언어를 담당하는 부분이 없기 때문에 우리는 이것을 말로 표현하는 데 어려움을 겪는다. 이것은 마치 사랑하는 사람이 나의 어디가 좋냐고 묻는 말에 명확히 대답하기 어려운 것과 비슷하다. 그것은 언어의 영역이 아니라 느낌의 영역이기 때문이다.

따라서 그 느낌을 글이나 말로 표현하기 위한 노력이 중요하다. 미션, 즉 WHY는 감정을 말로 표현하고 다시 감정을 느끼는 것이다. 다시 말해 감정을 담은 미션 선언문을 만들고 그것을 읽었을 때

다시금 그 감정을 느끼는 것이다. 이것은 다른 말로 꿈이나 신념으로 부를 수 있다.

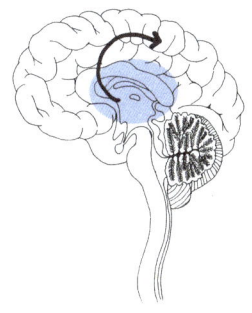

다음 단계에서는 미션을 어떻게 실현할 것인지, 구체적으로 '무엇을' 하고 '어떻게' 실행할 것인지에 대해 깊이 고민하게 된다. 이 과정은 논리적 사고를 담당하는 대뇌신피질, 즉 사고 뇌의 영역에 해당한다. 여기서 중요한 것은 '나만의 유일한 방식 ONLY ONE'을 찾아내는 과정이다. 이는 곧 자신만의 독특한 방식으로 감정을 공유하는 것이다.

특히 비즈니스에서는 남들이 시도하지 않은 나만의 고유한 영역을 반드시 구축해야 한다. 이것이 바로 경쟁하지 않는 'ONLY ONE'이 되는 길이다. 여기서 '감정을 공유한다'는 표현을 사용하는 이유는 미션을 실천하는 과정이 곧 감정의 전달 과정이기 때문이다. 따라서 이 과정에서도 반드시 미션의 감정을 그대로 이식해야 한다. WHY의 감정을 담지 못한 WHAT과 HOW는 제대로 작동할 수 없다.

우리가 만드는 모든 비즈니스는 이러한 과정을 통해 탄생한다. 미션에 나만의 '온리원ONLY ONE'이 결합될 때, 세상에 던질 고유한 메시지가 만들어진다. 이것이 바로 비즈니스의 본질이며, 강력한 브랜드는 이 지점에서 출발한다. 브랜드는 사람들의 가슴을 겨냥해 마음을 열고, 감정 뇌를 흔들어 결국 추종자인 팬을 만들어 내는 과정이다.

결국 이 전체 과정을 하나로 이어 보면, 감정에서 출발해 사고 뇌를 거치고, 다시 감정 뇌를 통과해 또다시 사고 뇌로 이어지는, 두 번의 순환 과정을 거치는 구조가 된다.

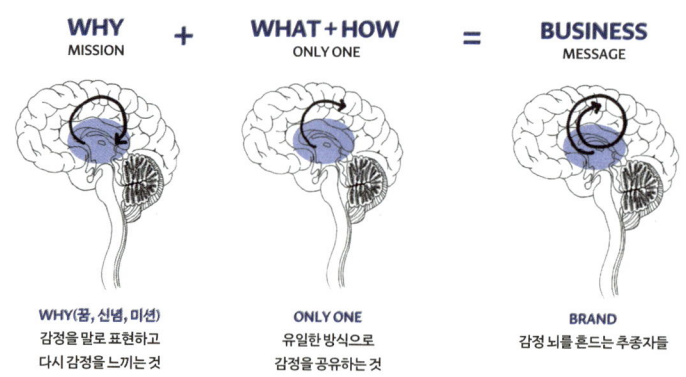

WHY - WHAT - HOW - WHEN

비즈니스와 마찬가지로 인생의 과정도 동일하다. 반드시 WHY에 대한 질문이 필요하다. 그러니 지금, 내 인생의 근본적인 물음을 스스로에게 던져보자. '왜?'라는 질문을 시작하고, 멈추지 말고 계속해서 그 질문을 파고들어 가자.

내 인생의 목적은 무엇인가?
나는 어떤 사람이 되고 싶은가?
왜 그것을 하려고 하는가?

물론 지금 당장 답하기는 매우 어려울 것이다. 대부분의 사람이 자신의 인생에 대해 진지하게 고민해 보지 않았기 때문이다. 모두가 걸어가는 길이 당연하다고 생각하기 때문이다. 하지만 이것에 대한 답이 없다면 나는 다른 사람의 생각대로 그냥 살아가는 것인지도 모른다. 그러니 내 인생의 근본 질문을 던지고 진지하게 생각해 보는 시간을 반드시 가져보자.

무엇을 하면서 살 것인가?
내가 중요하게 이루고 싶은 것은 무엇인가?
나는 어떻게 살아야 하는가?

'WHAT'에 대한 질문이다. 이 질문은 '목표가 있는 삶'에 관한 것이다. 목표의 중요성은 아무리 강조해도 부족함이 없다. 목표가 있어야 어디로 갈 것인지를 알 수 있고, 그렇게 나아가야 목적지인 성공에 도달하기 때문이다. 목표를 가진 사람들은 그곳으로 찾아가지만 목표가 없는 사람들이 성공할 확률은 거의 없다.

삶의 목표라는 것이 꼭 금전적인 성공일 필요는 없다. 이 세상에서 사람으로 태어나서 행복하고 싶은 본능을 충족하는 방식은 모두가 다르다. 문제는 정작 자신에게 무엇이 진정한 행복인지조차 모른 채 인생을 허비하는 경우다. 또한 목표는 장기적, 단기적 목표를 세울 수 있다. 좋은 대학을 가고, 대기업에 취업하는 것은 1막에 대한 이야기일 뿐이다. 우리는 2막과 3막도 생각해야 한다. 내가 누구인지 고민하고 그렇다면 무엇을 이루고 싶은지를 계속 찾아가라. 나는 무엇을 할 때 행복한지 스스로에게 질문하고 대답하라. 명확한 목표를 세워라.

어떻게 그것을 할 것인가?
어떤 과정을 통해 목표를 이루어낼 것인가?

'HOW'에 대한 대답이다. 어떻게 만들 수 있는지 생각해라. 새로운 길을 찾고 없으면 길을 만들어라. 인류의 발전은 항상 새로운 방법을 찾아내면서 전진해 왔다. 항상 어떻게 할지를 생각하라. 반드시 방법을 찾을 수 있다는 것을 믿어라. 생각하고 조사하고 경험하고 느껴라. 세상의 목표를 이룬 사람들은 모두 방법을 찾아낸 사람들이다.

언제까지 그것을 이룰 것인가?
언제 행동할 수 있는가?

'WHEN'에 대한 대답이다. 목표를 이루기 위한 기한을 적어라. 기한이 없으면 그것은 한없이 늘어진다. 그리고 반드시 그때까지 목표를 달성하겠다고 다짐하고, 수시로 일정을 체크하라. 시간이 없다면 더 노력하고 기한을 지키기 위한 새로운 방법을 찾아라. 시간이 누구에게나 공평한 이유는 그 누구도 지나간 시간을 되돌릴 수 없기 때문임을 기억하고, 시간을 낭비하지 않도록 각별히 유의하라.

소중한 내 인생은 결국 스스로 만들어가는 수밖에 없다. 그러니 반드시 나만의 인생 사업계획서를 세워보자. 그리고 끊임없이 업그레이드하고, 치열하게 고민하자. 어디로 향할지를 분명히 찾을 수 있다면, 우리는 반드시 그곳을 향해 나아가게 될 것이다.

그 방향을 찾는 과정이 곧 내가 그리고 싶은 '중요한 나'의 모습을 그려나가는 과정이기 때문이다. 오랫동안 중요하게 생각해 온 것들이 결국 나를 만든다는 사실을 잊지 말아야 한다.

이제 나에게 주어진 질문에 답해야 한다. 나만의 인생 철학을 찾아야 한다. 나의 뇌를 지배하고, 내 인생의 주인이 되어야 한다. 그것이 우리가 감정을 제어해야 하는 궁극적인 이유다.

뇌에 각인되는 스토리보드 만들기

스토리보드는 콘텐츠를 제작할 때 어떻게 진행할 것인지 계획을 그려 넣는 구성 도구다. 스토리보드를 바탕으로 아이디어를 시각적으로 더욱 생생하게 표현하고 현장에 적용할 수 있다. 우리 인생도 스토리보드를 통해 어떤 모습으로 어떻게 전개될지 미리 그려볼 수 있다. 영상물에서는 만화처럼 상세한 설정을 그려 넣기도 하지만 우리는 그럴 필요까지는 없다. 간략한 글로써 표현해도 충분하다. 이 스토리보드는 오직 나를 위한 것이기 때문이다.

나의 스토리가 될 것들을 적어라

종이와 펜을 준비한다. 그리고 맨 위에 먼저 인생의 목적을 적어라. 목적은 최종적으로 내가 되고 싶고, 이루고 싶은 이상적 모습이다. 그리고 왜 그런 모습을 꿈꾸는지도 함께 적어 넣어라. 이것은 앞서 설명한 WHY에 해당하는 삶의 미션으로 궁극적 감정과 연결되어 있으므로, 어렵더라도 반드시 고민해야 한다. 이것은 내 인생의 WHY다.

그 아래에는 장기적으로 이루고 싶은 목표를 적는다. 경제적 자유에 대한 내용일 수도 있고, 새롭게 일으키고 싶은 사업일 수도 있다. 즉, 내 인생에서 장기적으로 반드시 이루고 싶은 나만의 비전이라고 생각하면 된다. 여기까지가 인생에서 변하지 않고 지속되는, 흔들림 없는 큰 틀을 세우는 과정이다.

그다음으로는, 위에 적은 미션과 비전을 위해 무엇을 할 것인지를 구체적으로 적는다. 사업을 시작할 수도 있고, 투자를 선택할 수도 있다. 내가 어떤 방식을 통해 목표로 나아갈 것인지를 정리하는 것이다. 정리가 되었다면 이제 각각의 과제에 대한 실행 계획을 세워야 한다. 특히 올해 안에 실천할 수 있는 할 일과 목표를 구체적으로 설정하는 것이 중요하다. 중장기적인 계획보다는, 지금 당장 실행할 수 있는 계획이 훨씬 더 실용적이기 때문이다.

계획은 각 과제별로 간단하게 정리하면 된다. 이때 WHY, WHAT, HOW, WHEN의 항목을 활용하면 편리하다. 여기서 말하는 WHY는 인생의 큰 WHY와는 다른, 각 프로젝트별로 적용되는 작은 WHY를 의미한다. 즉, '왜 이 일을 해야 하는가'를 간단히 정리함으로써, 각 프로젝트의 필요성을 스스로 점검할 수 있다.

그다음으로 어떤 일(WHAT)을 어떻게(HOW) 수행할지, 그리고 언제까지(WHEN) 완료할지를 정리하면 된다. 계획은 지나치게 자세하게 세울 필요는 없다. 실제로는 계획대로 일이 진행되지 않거나,

WHY	WHAT	HOW	WHEN(25.01.01~25.06.30)												
			1주 10강			2주 20강			3주 30강			4주 40강		5주 50강			6주 60강	
			1	2	3	4	5	6	7	8	9	10	11	12	13
외국인과의 자유로운 소통을 통해 글로벌 교류와 비즈니스 진행	문법 완성	영어독립스쿨	200	400								반복1		반복2	반복3
		영문법													
	영어 단어 3000	생활영어 1345	100		200	300	800	1000	1200		1345				
		독립스쿨 800	100		200	300		400	500	500		600	700		800
		비즈니스 560			200	300		400	500			560		반복1	반복2	반복3
		기타300	100			200		300		반복1		반복2		반복3	
English Speaker	회화	다른결	5			10		15		20		25			30

예상치 못한 변수가 생겨 수정이 필요한 경우가 많기 때문이다.

따라서 계획을 세우는 데 과도한 에너지를 소모하지 않는 것이 좋다. 계획서의 형식은 각자의 스타일과 상황에 맞게 자유롭게 작성하면 된다. 다만 가급적 한눈에 보기 쉽고, 너무 많은 내용을 담지 않고 간결하게 구성하는 것이 실용적이다.

영어 공부를 예를 들어보자. 맨 왼쪽에 WHY 칸을 만들어 내가 영어를 공부하려는 목적, '외국인과의 자유로운 소통을 통해 글로벌 교류와 비즈니스 진행'을 적는다. 그리고 다음 칸에 올해 목표를 문법 완성, 3,000단어 암기와 회화책 1권 마스터로 정한다. 방법으로 넘어와 어떤 문법을 공부할지, 3,000단어는 어떤 것을 암기할지를 적는다. 회화는 좋아하는 애니메이션 라푼젤 대본을 공부하기로 한다. 그리고 각각의 방법에 대해 어느 정도 기한에 어느 정도의 진도를 나갈 것이지 칸을 만든다. 일 단위로 자세히 구분해도 되고, 월별로 구분해도 된다. 마무리가 되었을 때 색을 칠할 수 있게 칸 안에는 진도를 표시한다.

이런 식으로 간략하게 올해 나의 중요한 계획에 대한 스토리보드를 만들어 나간다. 중요한 건 자신이 알아보고 실천할 수 있는 것이므로 틀에 너무 얽매일 필요는 없다. 복잡하지 않은 목표는 더 간략히 생략해도 무방하다. 단, 언제까지 무엇을 끝낼지는 명확하게 나타나야 한다. 운동처럼 반복적으로 진행해야 하는 계획의 경우, 별도의 달력을 만들어 활용하는 것도 좋은 방법이다. 달력에 매일 운동한 내용을 기록하거나, 실천한 날마다 동그라미를 표시하는 방식으로 관리할 수 있다. 이는 자신의 실천 정도를 눈에 보이게 체크하고, 꾸준히 이어갈 수 있도록 돕기 위함이다.

필요한 계획은 각자 개인의 상황에 맞게 세우면 되지만, 감정 관리와 독서 계획은 반드시 포함시키자. 감정 관리를 위해 언제 자신의 뇌와 대화할 것인지 정하고, 반드시 시간을 확보하자. 가급적 방해를 받지 않을 시간이 좋으므로, 아침 일찍이나 늦은 저녁이 무난하다. 또한 운동뿐만 아니라 오메가-3, 멀티비타민과 챙겨 먹을 몸에 좋은 음식도 적어 놓으면 좋다. 올해 몇 권의 책을 읽을 것인지, 이번 달에 어떤 책을 읽을 것인지도 정해 보자. 정해지는 대로 뜸 들이지 말고 구매한 후, 침대 옆에, 가방 속에, 화장실에 책을 비치해 놓자.

자신을 다시 정의하라

여기까지 마쳤다면 이제 중요한 의식이 남아 있다. 바로 정체성을 재정의하는 것이다. 정체성은 '내가 누구인가'를 규정하며, 우리 삶을 지배하는 강력한 감정적 작용을 일으킨다. 정체성에 따라 세상을 대하는 태도가 달라지며, 나의 생각과 행동을 만들어 낸다. 우리가 무언가를 열심히 지속하지 못하거나, 쉽게 흐지부지되는 이유 역시 정체성의 문제에 있다. 무언가에 몰입하지 못하거나, 열정적인 에너지를 내지 못하는 것도 마찬가지다. 따라서 정체성을 올바로 설정하는 것이 올바른 감정을 만드는 방법이며 열정을 유지하는 방법이다.

그러니 지금 자신을 새롭게 정의하라. '영어를 배우는 사람'이 아니라 '잉글리쉬 스피커'가 되어라. '글을 써보려는 사람'이 아니라 '작가'로 자신을 정의하라. '운동을 배우는 사람'이 아니라 '운동하는 사람', 즉 러너^{Runner}, 축구인, 테니스 플레이어가 되어라. '도전해 보는 사람'이 아니라 '이미 이룬 사람'이 되어라.

"나는 ○○이다!"

이렇게 자신을 명확하게 규정하고, 그 문장을 목표 옆에 선명히 적어두어라. 그리고 그것을 진심으로 믿어라. 이제부터 그것이 당신의 모습이며, 당신의 정체성이 될 것이다.

떠올려야 한다면 벽에 붙여라

여기까지 완성했다면 이제 나의 스토리보드를 벽에 붙여 놓을 차례다. 영화나 드라마를 보면 무언가 해결해야 할 중요한 일이 있을 때, 벽에 사진과 사건 개요 등을 빼곡히 붙여 놓은 장면이 종종 등장한다. 인물 사진들을 연결해 관계도를 만들고 주요 인물의 특징이나 정보를 기록해 두기도 한다. 그렇게 하면 전체적인 상황을 한눈에 파악하기가 쉬워진다.

　나만의 스토리보드를 만들어서 벽에 붙여라. 이는 눈에 잘 띄기 위해서다. 보이지 않으면 생각하지 않고, 생각하지 않으면, 이 세상에 없는 것과 마찬가지이기 때문이다. 계속 눈에 띄게 해라. 계속 생각하게 하라. 이것이 내가 인생에서 집중해야 할 것이다. 보는 만큼 생각이 나고, 보는 만큼 자극을 받게 된다. 자주 봐야 기억하고, 집중하게 된다.

　스토리보드라고 해서 특별한 것은 아니다. 그냥 포스트잇에 적어서 붙여도 되고, A4용지에 출력해 붙여도 된다. 중요한 것은 특별한 형식이 아니라, 한눈에 볼 수 있고, 계속해서 실천을 자극할 수 있도록 눈에 띄게 해두는 것이다. 보이고 기억나는 것, 그것이 핵심이다.

　되새길 수 없는 계획은 없는 계획이나 다름없다. 오직 끊임없이 생각하고 실천하는 계획만이 살아남을 수 있다. 계획대로 성공했을 때의 모습을 떠올리고, 목표를 이룬 모습을 구체적으로 상상할 수 있도록 이미지나 사진도 함께 붙여 두자.

　자, 이제 내가 원하는 나의 모습으로 벽을 채워라. 돈을 벌고 싶다면, 연애를 하고 싶다면, 외국어를 하고 싶다면, 투자를 하고 싶다면, 다이어트를 하고 싶다면, 자격증을 따고 싶다면 지금 이 순간부터 나만의 길을 만들어라.

　벽에 붙은 작은 종이 한 장 한 장이 나의 삶을 이끌어가는 이정표임을 잊지 말자. 그 종이를 붙이는 순간, 우리는 이미 그 길을 향해 걷기 시작한 것이다.

'좋은 생각 알고리즘' 만들기

　AI에 알고리즘이 있다면 우리의 생각에도 좋은 결과를 도출하기 위한 절차를 만들 수 있다. 이번 장에서는 '좋은 생각 만들기'의 일환으로 큰 틀에서의 생각 패턴을 정리해 보자.

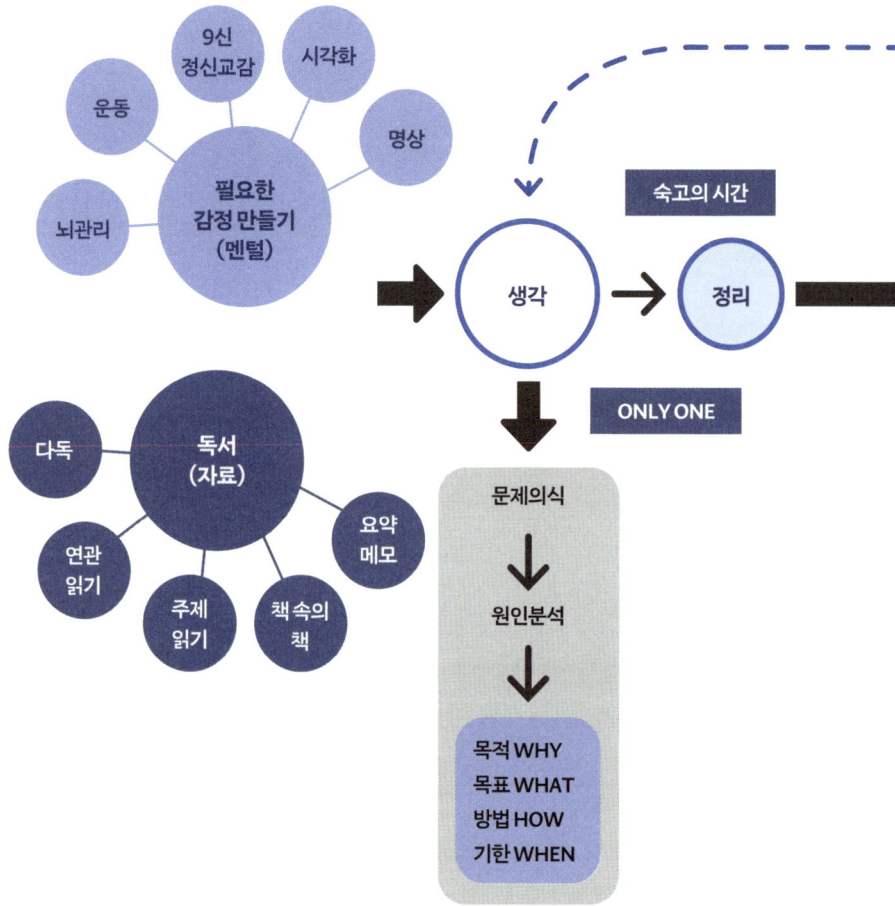

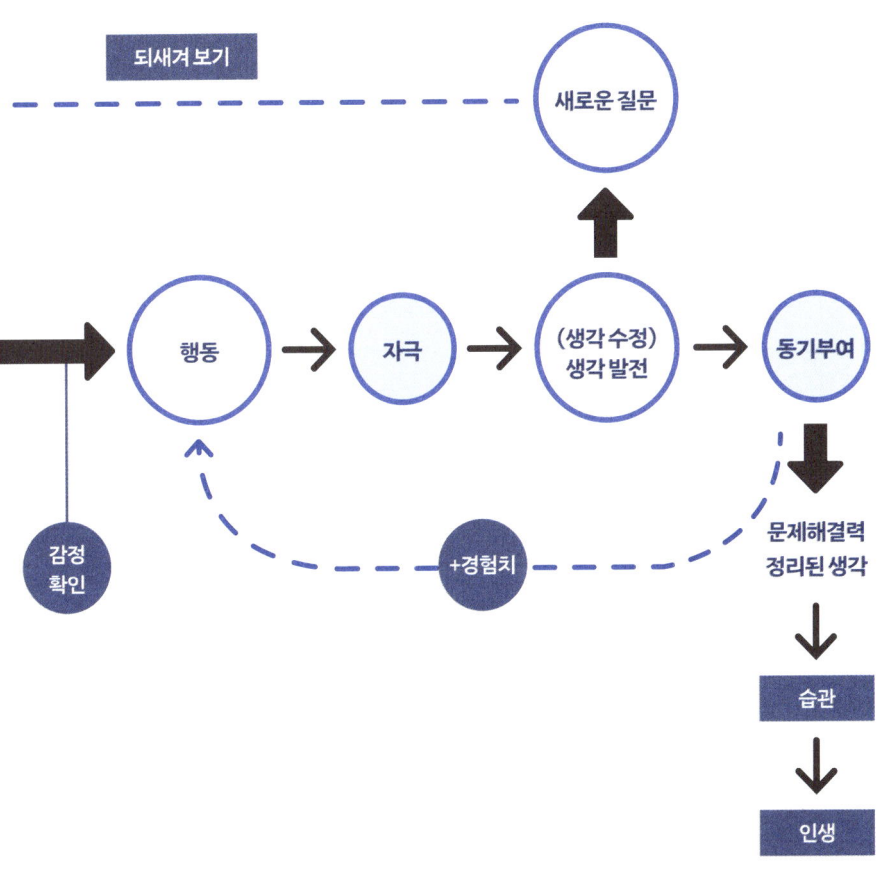

1. 필요한 감정 만들기

우리는 필요한 감정을 만들어 낼 수 있다. 이미 좌뇌와 우뇌 강아지를 진정시키고 차분히 사고할 수 있는 상태를 만들 수 있는 방법을 배웠다. 또한 나의 뇌와 대화를 함으로써 삶에 대해 함께 논의하는 방법도 익혔다. 이제 여기에 더해, 더 좋은 뇌를 위해 운동을 하고, 뇌에 좋은 음식을 먹고, 뇌의 상태를 최상으로 끌어올리기 위한 노력을 할 것이다. 최대한 맑은 뇌 상태와 안정된 감정 상태를 유지할 때, 비로소 더 좋은 생각을 만들어 낼 수 있다.

2. 독서하기

뇌가 좋아하는 독서를 통해 다양한 주제에 대한 간접 경험과 지식을 쌓을 수 있다. 특히 다음에 이어질 '생각하고 정리하기' 단계를 위해서는, 관련 주제의 책들을 찾아보는 것이 큰 도움이 된다. 투자를 하고 싶다면 투자 관련 책을, 건강을 챙기고 싶다면 건강 관련 책을 찾아 읽는 것이다. 좋은 생각을 만들기 위해서는 독서가 필수이며, 가능한 한 책을 읽어야 한다는 점을 기억하자. 필요한 감정을 만드는 것과 독서는 좋은 생각을 위한 기본 전제다.

3. 생각하고 정리하기

이제는 지금 나에게 필요한 생각을 시작해 보자.

내가 원하는 것이 회사 프로젝트 성공일 수도 있고, 사업 계획일 수도 있고, 은퇴 후의 삶에 대한 준비나 돈을 버는 계획일 수도 있다. 하나씩 차분히 생각을 진행해 보자.

우리는 먼저 어떤 일이나 상황에 대해 문제의식을 느끼게 된다. 예를 들면, '집을 사고 싶은데 나는 왜 돈이 없지?', '회사 매출을 늘리려면 어떻게 해야 하지?' 등, 지금 현재 자신의 상태에 대한 불만이나 현실이 원하는 방향으로 흘러가지 않는다는 것을 느낀다. 그에 따라 원인을 고민하게 된다. '쥐꼬리만한 월급만으로는 돈이 모이지 않아', '제품의 마케팅에 문제가 있는 것 같아' 등, 현재 상황을 분석하고 문제의 본질을 찾아가는 과정이 이어진다.

그러면 본격적인 대안을 만들어야 하는데 크게 4단계로 구분하면 된다.

- 목적이 있는 생각 : WHY
- 목표가 있는 생각 : WHAT
- 방법이 있는 생각 : HOW
- 기한이 있는 생각 : WHEN

왜 해야 하는지 '목적'을 정하고, 그렇다면 무엇을 해야 하는지 '목표'를 정하고, 그것을 어떻게 해야 하는지 '방법'을 정하고, 그것을 언제까지 할 것인지 '기한'을 정하는 것이다.

이것이 중요한 이유는 이렇게 체계적으로 정리해야 내가 무엇을 해야 하는지 좀 더 쉽게 이해하고 행동할 수 있기 때문이다. 그런데 의외로 이런 과정 없이 주먹구구식으로 생각하고 진행하는 경우가 많다. 생각나는 대로 나열하고 진행하면, 왜 해야 하는지, 어디로 가야 하는지에 대한 근본과 방향성이 흔들리게 되고 중간에 계속 사업 계획이 틀어지게 된다. 그러면 일은 일대로 안 되고 그에 따른 시간 낭비, 인력 낭비, 자원 낭비는 상당하다.

따라서 처음부터 이를 명확하게 정리하는 것이 중요하다. 반드시 글로 써서 눈에 보이도록 해야 한다. 종이든 모니터든 구체적으로 문장으로 적어야 한다. 그렇게 정리가 되었다면, 혼자만의 숙고의 시간을 가지며 반복해서 곱씹어 보는 것이 좋다. '이것이 최선의 방법인지, 현실적으로 가능한 계획인지' 계속 생각해 보는 과정에서, 자연스럽게 수정이 필요하거나 더 나은 아이디어가 떠오르기도 한다.

4. 감정 상태 확인

충분히 생각했다고 느꼈다면, 이제 자신의 감정 상태를 점검해 보자. 감정적으로 좋은 기분이 들고, 스스로 하고 싶다는 열망이 느껴진다면 정리가 제대로 된 것이다. 반면, 마음이 내키지 않거나 의욕이 생기지 않는다면, 아직 몰입할 준비가 되지 않은 상태일 수 있다. 감정이 행동을 만든다는 점을 반드시 기억하자.

그렇다면 다른 방식으로 다시 접근해야 한다. 생각을 다시 정리하고, 뇌 속 '9신'을 다시 소집해 보자. 또는 더 많은 자료를 찾아보고 새로운 관점을 탐색해 보는 것도 좋다. 그리고 앞서 세운 4단계를 다시 점검하라. 행동에 들어가기 전, 감정 상태를 확인하는 일은 매우 중요하다. 올바른 감정 없이 시작한 행동은 오래가지 못한다.

5. 행동 그리고 순환 패턴

이제 머릿속 생각을 바탕으로 직접 행동에 나서 보자. 실제로 해보면 생각만으로는 알 수 없었던 차이점이나 예상과 다른 부분들을 발견하게 될 것이다. 이 과정에서 그에 따른 자극을 받게 되고, 생각을 수정할 수 있다. 혹은 새로운 질문을 던져 처음부터 다시 생각할 수도 있다. '왜 안 됐을까?', '무엇이 문제였을까?'라는 질문과 함께 다시 생각을 점검하게 된다. 반면, 생각대로 잘 진행이 된다면 기분 좋은 상태로 동기부여를 받고 새로운 행동에 돌입할 수 있다.

행동은 경험이다. 이 과정이 계속 반복되면 경험치가 쌓이고, 전체적인 생각이 정리되면서 문제 해결력을 갖게 된다. 그리고 계속 반복하다 보면 습관이 형성되고, 습관은 하루하루의 삶을 만들고, 그렇게 쌓인 삶은 결국 나의 인생이 된다. 비록 100% 계획한 대로 흘러가지는 않더라도, 내가 그린 방향에 가까운 인생의 항로를 따라가게 되는 것이다.

이 모든 과정을 아우르는 것이 바로 '좋은 생각 알고리즘'이다. 이 알고리즘은 보편적이고 건강한 사고를 위한 구조이며, 지금 내가 어느 단계에 있는지, 무엇이 부족한지, 어떻게 진행되고 있는지를 점검하는 데 매우 유용한 프레임이 될 수 있다.

행동을 만드는 순환 패턴

행동에 돌입하는 단계를 좀 더 세부적으로 살펴보자. 앞서 우리는 감정과 행동이 서로 영향을 주고받는다는 것을 확인했다. 감정이 행동을 만들고, 행동은 다시 감정에 영향을 미친다. 즉, 우리가 어떤 행동을 하면 그에 따른 감정적 자극을 경험하게 되는 것이다.

그 자극이 내가 생각한 방향과 일치하거나 긍정적인 결과로 이어진다면, 그 행동에 대한 확신이 생긴다. 이 확신은 생각을 더욱 발전시키는 기반이 되며, '할 수 있다'는 감정과 함께 강력한 동기부여로 연결된다.

행동, 감정, 생각의 순환

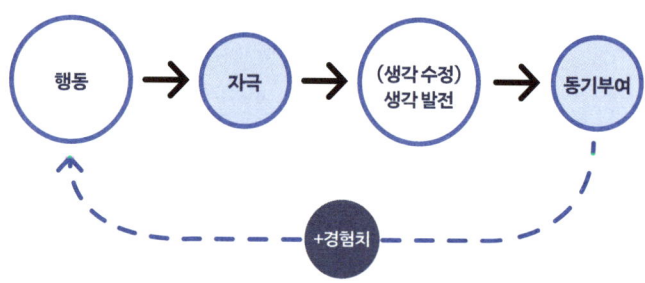

행동 - 자극 - 생각 발전(생각 수정) - 동기부여 그리고 다시 행동으로 이어지는 패턴을 통해 행동, 감정, 생각 사이의 순환이 일어난다. 행동은 감정(자극)으로, 감정(자극)은 생각(생각 발전)으로, 생각(생각 발전)은 감정(동기부여)으로, 그리고 다시 행동으로 이어지는 것이다.

행동과 생각 사이에는 언제나 감정이 존재한다. 감정은 행동과 상호작용하고, 동시에 생각과도 영향을 주고받는다. 이러한 상호작용은 끊임없이 반복되며, 감정은 생각과 행동 사이를 오가며 중심축 역할을 한다. 또한 행동이 계속 쌓이면 경험이 되고, 그 경험은 곧 생각을 더욱 깊이 있게 만드는 자산이 된다. 생각을 형성하는 데 있어 감정만큼이나 경험도 중요한 요소임을 기억하자.

나는 예전에 부동산 임대사업을 한 적이 있었는데 임대 부동산을 19채까지 늘렸었다. 당시 그렇게 할 수 있었던 이유는 일단 한 채를 구입하고 나서 얻었던 자신감과 뿌듯함 덕분이었다. 그 감정적 자극이 나의 행동에 대한 긍정적인 확신으로 이어졌고, 그것이 다음 행동의 원동력이 되었다. 행동을 통해 얻은 경험은 곧 생각의 발전으로 이어졌다. '어떻게 하면 더 효율적으로 계획을 세울 수 있을지'를 고민하게 되었고, 그 고민이 나에게 커다란 동기부여가 되었다.

그 결과 나는 다른 모든 지출을 최소화하며 자산 구축에 집중할 수 있었다. 그때의 기다림은 결코 괴롭거나 고된 과정이 아니었다. 오히려 자산이 하나둘 쌓여 가는 과정을 즐기고 있었기에 내 감정 상태는 '희생'이 아닌 '기쁨'이었다. 그 시기를 나는 지금도 기분 좋은 시간으로 기억하고 있다.

우리는 언제든 틀릴 수 있다

하지만 어떤 일이든 한 번에 생각대로 풀리기는 쉽지 않다. 대부분의 경우 반드시 생각을 수정하는 과정을 거치게 마련이다. 이 과정이 소위 말하는 '시행착오'이며, 그를 통해 내공이 쌓여 간다. 그렇게 대안을 찾고, 더 나은 방향을 스스로 만들어가게 된다.

나는 부동산에 투자하던 시절, 한 고수에게 1:1 면담을 요청한 적이 있다. 그때 그는 이렇게 말했다.

"부동산을 하다 보면 문제도 생기고, 위기도 오며, 때론 사기를 당하는 일도 있습니다. 하지만 그런 상황을 이겨내며 한 걸음씩 올라서는 것이 진짜 실력이죠."

나 역시 이 길을 걸어오며 마음고생도 해 보고, 실수도 겪어봤기에 그의 말이 결코 틀리지 않다는 걸 안다. 무엇이든 항상 잘 풀리는 '정답의 길'이란 존재하지 않는다.

그래서 우리는 항상 틀릴 수 있다는 전제 위에서 사고해야 하며, 실수를 기꺼이 받아들일 수 있는 태도를 가져야 한다. 『신경 끄기의 기술』의 저자 마크 맨슨$^{Mark\ Manson}$ 역시 비슷한 주장을 했다. 그는 '문제를 제대로 해결하려면 오히려 자신을 덜 믿어야 한다'고 말한다.

왜냐하면 인간의 마음은 오류로 가득한 난장판이며, 두뇌는 언제나 자신이 이미 가지고 있는 기존의 믿음과 경험을 바탕으로 현재를 해석하려는 경향이 있기 때문이다.

그 과정에서 우리의 기억은 왜곡되며, 판단 또한 흐려진다. 그래서 "너 자신을 믿어!", "가슴이 시키는 대로 해!" 같은 말은 달콤하게 들리지만, 오히려 자신을 덜 믿고, 자신의 의도와 판단을 더 많이 의심해야 한다고 그는 강조한다.

더글라스 밴 프랫 역시 『95%의 법칙』에서 이와 비슷한 이야기를 한다. 인간은 현실을 있는 그대로 받아들이지 않고, 믿고 싶은 방식대로 왜곡하는 경향이 있다는 것이다. 그는 인간의 의식이 자신의 행동에 의미를 부여하고, 그 행동을 유발한 숨은 요인을 합리화하며 설명하도록 설계되어 있다고 말한다. 이로 인해 사람들은 자신을 좀 더 나은 존재로 보이게 하기 위해, 현실과 이야기를 자신에게 유리하게 꾸며내는 성향을 보인다. 즉, 무의식적으로 자신을 포장하고, 진짜 원인 대신 스스로 납득할 수 있는 이유를 만들어 낸다는 것이다.

종합하자면, 사람들은 일반적인 사건을 또렷하게 기억한다고 생각하지만, 실제로는 뇌 속의 다른 경험들과 뒤섞여 새로운 기억을 만들어 낸다. 이로 인해 같은 상황이라도 사람마다 서로 다르게 기억하게 되며, 동일한 사건조차 각자의 기억과 혼합되어 왜곡되는 것이다.

우리의 기억과 판단은 언제든지 왜곡될 수 있으며, 본질적으로 불완전하다. 따라서 우리는 늘 '내가 틀릴 수 있다'는 가능성을 염두에 두고, 마음을 열어야 한다. 우리의 가치관 역시 필연적으로 완전하지 않다는 점을 이해해야 하며, 자신의 잘못을 인정할 줄 아는 태도야말로 진정한 변화와 성장의 출발점이다.

마크 맨슨의 말처럼, 무조건 긍정적으로만 생각하는 습관이 들면 삶 속에 존재하는 문제를 애써 외면하게 되고, 결국 그 문제를 해결함으로써 얻을 수 있는 행복의 기회마저 놓치게 된다. 또한 『스틱!』의 저자 칩 히스$^{Chip Heath}$와 댄 히스$^{Dan Heath}$의 지적처럼, 긍정적인 마음가짐보다는 문제 발생 과정을 추적하는 시뮬레이션이 더 효과적이라는 연구 결과도 있다.

따라서 새로운 질문을 던지고 다시 생각할 때는, 왜 그렇게 되었는지를 되짚는 과정이 꼭 필요하다. 어쩌다 이런 문제가 발생했는지, 어떤 행동이 있었는지, 진행 과정을 차근차근 복기해 보며 흐름을 따라가 보는 것, 바로 이것이 문제 해결에 훨씬 더 큰 도움이 된다. 그래서 우리는 언제나 새로운 질문을 던질 준비가 되어 있어야 하며, 대안을 찾는 사고방식, 그리고 치열하게 새로운 방법을 모색하는 태도를 가져야 한다. 그 과정을 반복하면서 비로소 나만의 정리된 사고 체계, 곧 문제 해결력이 형성된다.

나 역시 임대봉 부동산 19채를 보유하며 원하는 수입을 만들기까지, 수많은 책을 읽고, 강의를 듣고, 자료를 수집하고, 현장을 다니고, 수많은 시행착오와 스트레스를 겪으며, 고민하고 실수도 했다. 그러나 바로 그런 과정을 통해 끝내 내가 원하는 지점에 도달했다. 모른다는 것이 문제일 뿐, 그런 과정을 통해 원하는 것을 얻을 수 있다면 마다할 이유가 어디 있겠는가. 그러니 생각-감정-행동의 프로세스를 이해하고 활용하라. 어느 순간, 당신은 원하는 그곳에 서 있게 될 것이다.

삶은 그래프처럼 오르고, 휘고, 멈춘다

인생 그래프는 직선이 아니야

우리가 살아가는 인생은 어떤 형태를 띠고 있을까? 이번 장에서는 인생 그래프를 직접 그려보자. 이를 위해 먼저 자신이 했던 일 중 가장 기억나는 성과 한 가지를 떠올려보자. 그것이 테니스, 수영, 축구 같은 운동이든, 사업이든, 책 읽기 같은 개인적인 성취든 상관없다. 크고 작은 성과를 구분할 필요 없이, 스스로 의미 있다고 느낀 경험이면 충분하다.

우리는 모두 어떤 행위를 하면서 삶을 살아간다. 그리고 무언가를 시작하면, 그 과정 속에서 점차 익숙해지고, 성장을 시작하게 된다. 하지만 인간의 뇌는 뇌세포 간 습관을 바꾸고 새로운 뉴런 연결을 형성하기까지 시간이 필요하다. 즉, 어떤 활동을 능숙하게 처리하려면 충분한 반복과 학습 과정이 필수적이다. 반면, 그 활동을 중단하면 뇌는 연결을 유지하지 않고, 점차 정체하거나 서서히 퇴보하기 시작한다.

초반에는 반드시 '과정의 구간'을 거쳐야 한다. 조금씩 발전하긴 하지만, 명확한 성장을 체감하기까지는 시간이 걸린다. 이 인내의 구간을 지나야 비로소 익숙함이 생기고, 가속도가 붙으며 눈에 띄는 성장이 나타난다. 그러나 같은 행동을 계속 반복하기만 하면, 이는 일상적 습관이 되어버린다. 이때부터는 성장 곡선이 다시 완만해지고, 현상을 유지하려는 '항상성'이 나타난다. 물론 소소한 발전은 이어지지만, 더 이상 의미 있는 성장은 만들어 내기 어렵다.

이때부터 의미 있는 변화를 만들려면 한계를 높이는 새로운 과정이 필요하다. 기존과는 다른 수준의 새로운 전략을 사용해야 하는 것이다. 그 과정에서 슬럼프도 찾아온다. 노력을 해도 오히려 실력이 퇴보되는 느낌을 받기도 한다. 하지만 그럼에도 더 높은 단계의 인내의 구간을 지나면, 다시 한번 의미 있는 발전을 만들 수 있게 된다.

이러한 과정을 종합하여 성장 과정을 개략적인 그래프로 표현하면, 다음과 같은 모습이 된다.

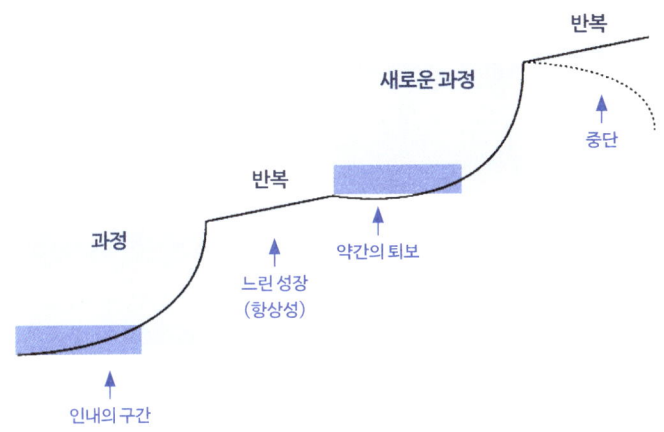

　과정 - 반복 - 새로운 과정 - 새로운 반복을 거치며 성장하는 모습이다. 물론 과정 안에서도 반복은 지속되지만, 과정은 실력이 계속 눈에 띄게 향상되는 구간이라면 반복은 매우 느린 성장의 과정으로 볼 수 있다. 이 구간은 언뜻 지루하고 무의미해 보이지만 새로운 과정으로 한 단계 더 도약하기 위해서는 반드시 거쳐야 할 또 다른 인내의 구간이다.

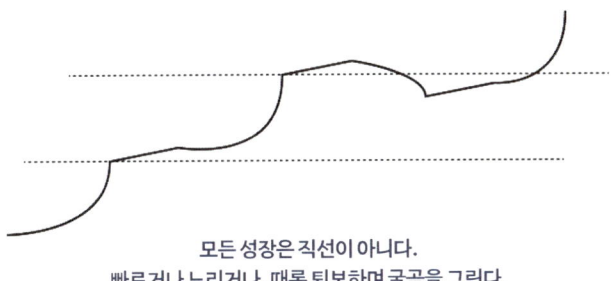

모든 성장은 직선이 아니다.
빠르거나 느리거나, 때론 퇴보하며 굴곡을 그린다.

결국 인생 그래프는 이런 모양으로 단순화시킬 수 있다. 물론 그 래프의 세부적인 모양이나 기울기는 사람마다, 그리고 각자가 하는 일마다 모두 다르게 나타날 것이다. 다만 개략적으로 이런 과정을 거치며 성장해 나간다고 이해하면 된다.

그런데 다른 성장 모델도 많이 들어봤을 것이다. 예를 들어, 발전 과정을 계단식으로 표현하기도 한다. 겉으로는 아무 변화가 없는 것처럼 보이지만, 꾸준히 노력하다 보면 어느 순간 다음 단계로 점프하게 된다는 것이다. 제임스 클리어James Clear는 『아주 작은 습관의 힘』Atomic Habits에서 한 가지 습관을 익히는 과정을 초반에는 완만한 성장의 반원형으로, 그리고 그 반원형이 반복적으로 이어지면서 숙련도가 높아진다고 설명했다. 실제로 이 두 가지 성장 모델

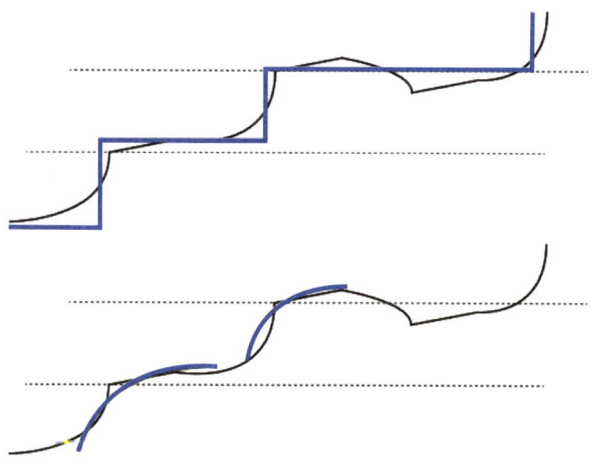

성장은 어떤 단계를 강조하느냐에 따라 계단이 되기도, 반원이 되기도 한다.

은 모두 우리의 일상생활 속에서도 자주 경험된다. 그리고 우리가 앞서 살펴본 인생 그래프는 이 두 가지 모델을 모두 포함할 수 있다. 어떤 단계를 강조하느냐, 그리고 어떻게 그 흐름을 설명하느냐에 따라 표현 방식이 달라질 뿐이다.

인생은 다양한 그래프를 그리는 과정

우리는 인생을 살아가며 수많은 행동을 하고, 다양한 도전을 이어간다. 그만큼 각자의 인생에는 수많은 그래프들이 그려져 있을 것이다. 살아오면서 초반에 중단해 버린 일도 많고, 오랜 시간 노력했지만 끝내 성과를 내지 못한 일도 적지 않다. 또 어떤 일은 한때 성공 궤도에 올랐다고 생각했지만, 시간이 지나며 내리막을 걷기도 한다.

반면, 예상치 못한 새로운 기회가 나타나 다시금 성장의 동력이 되기도 한다. 수많은 도전 중에 단 한두 개가 기준선을 넘어서는 경우가 있다. 그때 비로소 우리는 '집중할 만한 행동'을 만나게 되고, 어떤 것은 살아남아 우리의 성과가 되며 어떤 것은 사라진다.

우리 인생은 바로 이렇게 만들어진다. 그래서 많은 사람이 다양한 시도를 해 보라고 권하는 것이고, 빠른 실패를 통해 결국 성공에 다가설 수 있다고 말하는 것이다. 수많은 그래프 중 단 하나라도 나의 기준선을 넘어설 수 있다면, 그것이 바로 성공이다.

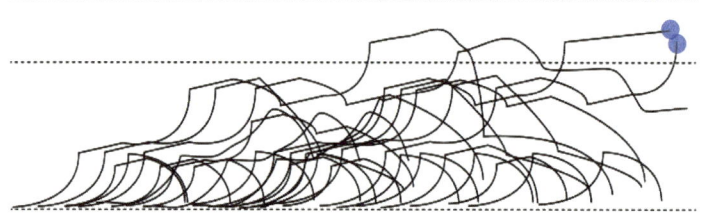

인생은 시도의 그래프다.
기준선을 넘는 순간, 성공이 된다.

어찌 보면 인생은 주식과 닮은 점이 많다. 주식 그래프에는 인간의 심리가 고스란히 반영되어 있다. 그래서 투자란, 심리 게임이라고도 불린다. 수많은 주식 종목들은 등락을 반복한다. 그러나 그래프를 크게 바라보면, 꾸준히 우상향하며 성장하는 주식이 있는가 하면, 반대로 꾸준히 우하향하며 쇠락하는 주식도 있다.

인간 심리의 집합체라 할 수 있는 이 주식 그래프를 들여다보면, 개인의 인생과도 놀랍도록 유사한 점이 많다. 사람 역시 마찬가지다. 꾸준히 발전하는 사람이 있는가 하면, 서서히 쇠퇴해가는 사람도 있다.

하지만 아무리 우상향하는 성장 기업이라 해도, 그래프를 확대해 보면 중간중간 엄청난 등락을 반복한다는 사실을 알 수 있다. 이는 성공한 사람들 역시 수많은 난관과 흥망성쇠를 겪어야 한다는 것을 보여 준다. 그 모든 것은 결국 누구도 피할 수 없는 인간의 성장 과정이다.

진짜 문제는 여기서부터다.

'나는 과연 우상향하는 인간인가, 아니면 우하향하는 인간인가?'

우상향하는 사람은 수많은 등락을 극복하며 결국 성장하지만, 우하향하는 사람은 반복되는 등락 속에서 점점 내려앉는다. 그런데 주식에는 턴어라운드 Turnaround가 있다. 기업이 새로운 미래 성장 동력을 발굴하면, 그곳에서 새로운 수익이 창출되고 주가는 다시 상승하기 시작한다. 한없이 하락할 것 같았던 주식도 바닥을 찍고 반등하며, 때로는 전고점을 돌파해 신고가를 경신하기도 한다. 주식 투자에서 큰 수익은 대부분, 집중 투자한 한두 종목이 신고가를 경신할 때 얻어진다.

우리 인생도 마찬가지다. 새로운 성장 동력을 만들어 낼 수 있다면, 삶 역시 다시 성장할 수 있다. 즉, 인생에는 흥망성쇠가 있고, 성장하다가도 위기를 맞을 수 있으며, 큰 어려움 속에서도 새로운 돌파구를 찾아낼 수 있다.

우리 인생 역시 주식 그래프처럼 끊임없는 등락을 반복한다. 그리고 그 반복 속에서, 한두 개의 그래프라도 기준선을 넘어설 수 있다면, 그것이 우리에게 인생의 '텐배거 10-bagger'가 되어줄 것이다. 따라서 우리는 매일매일 자신의 인생 그래프를 그리고 있다는 사실을 인식해야 한다. 지금 그리는 그래프에서 성장이 보이지 않는다면, 주저하지 말고 새로운 그래프를 그려야 한다. 그리고 포기하지 않고 계속해서 시도할수록, 기준선을 넘어서는 가능성은 점점 커진다.

지금 나는 성장주일까? 아니면, 지금의 어려움을 뚫고 턴어라운드를 준비하는 중일까?

나는 내 인생 그래프의 어느 지점에 서 있으며, 무엇을 그리고 있을까?

그리고 지금, 어디를 향해 나아가고 있는 걸까?

머뭇거림을 끊고
행동 버튼을 눌러라

행동하고 싶다면 뇌의 지지를 확보하라

롬바르디 Vince Lombardi는 이런 말을 남겼다.

"만약 당신이 마음속으로 믿고 있는 것에 감정적으로 몰입할 수 없다면, 지금 당신은 잘못하고 있는 것이다."

상상을 통해 목표에 대한 비전을 세웠다면, 그 비전을 현실로 이끌어가는 힘은 바로 우리의 감정이다. 그런데 그 목표에 감정적으로 몰입할 수 없다면, 아직 우리의 뇌는 준비되지 않은 상태다.

사실 우리가 인생에서 하는 모든 행동은 결국 다양한 긍정적 감정을 경험하기 위한 것이다. 우리가 때로는 자신을 희생하면서까지 남을 도울 수 있는 것도, 그 과정에서 느끼는 뿌듯함과 기쁨 덕분이다. 만약 희생의 결과가 오직 괴로움뿐이라면, 아무도 봉사활동이나 남을 돕는 일을 지속할 수 없을 것이다.

생각한 목표에 대해 감정과 의견이 일치할 때, 우리는 비로소 행동할 수 있다. 사람들은 이것을 '생각과 행동의 일치'라고 부른다. 목표를 설정한 나의 생각이 감정의 지지를 얻게 되면, 그것은 열망으로 전환된다. 그리고 열망은 우리에게 그 무엇도 넘어설 수 있는 힘과 용기를 부여한다.

옥탑방 침수사건

내가 부동산 투자로 19채의 임대부동산이라는 원하는 목표를 달성할 수 있었던 것도 전적으로 뇌의 지지를 확보했기 때문이었다. 당시 나는 투자금을 모으기 위해 거주 비용을 최소화하고자, 저렴한 옥탑방에 살고 있었다. 그러던 어느날 집주인에게 전화가 걸려왔다. 방이 물에 잠겼으니 빨리 와봐야 한다는 것이었다. 순간 머릿속이 명해졌다. 옥탑방이 물에 잠긴다는 말을 도무지 이해할 수 없었다. 당시는 추운 겨울이라 옥상으로 향하는 계단을 오르는데 물이 흘러내려 얼어붙은 얼음이 발밑에 보였다. 기분이 심상치 않았다.

옥상에 도착하니 주인집 가족들이 방 안에 가득 찬 물을 연신 밖으로 퍼내고 있었다. 이불도 젖었고, 책과 짐 일부도 물에 잠겨 있었다. 알고 보니 방 안을 지나던 수도 파이프가 터졌던 것이다. 전기는 끊겼고, 찬바람만 매섭게 몰아쳤다. 한겨울이었다. 할 수 없이 3일을 본가에 피신했다 돌아왔다. 집주인은 당연히 내가 나갈 거라고 생각했고, 나갈 때 언제든지 얘기하라고 했다. 나는 집을 옮길지 말지 심각하게 고민했다. 옥상에서 혼자 한 10분을 서 있었던 것 같다. 그리고 나는 잠시 후 옥상에 치워졌던 얼어붙은 장판을 다시 펴기 시작했다.

나는 집을 옮기지 않고 계속 살기로 결심했다. 당시 최저였던 주거비를 계속해서 아끼기로 결정했다. 주거비 때문에 조금이라도 부동산 투자 일정을 늦추고 싶지 않았다. 그만큼 목표가 확실했으며, 목표가 달성될 때까지 멈추지 않기로 다짐했던 것이다. 추운 겨울이었지만 내 마음은 결코 춥지 않았다.

그런 나를 보고 왜 그렇게 사느냐고 묻는 사람들이 많았다. 당시 나의 수입은 부동산 임대 수입이 늘어나던 때라 보통 직장인들에 비해 많은 편이었다. 특히 욜로^{YOLO}가 유행하던 시기여서 더더욱 이해가 안 갈 수도 있었다. 하지만 그때의 기다림은 괴롭거나 힘든 과정이 아닌, 자산이 쌓여 가는 기분 좋은 시기였다. 즉, 현재의 삶을 희생하는 시간이 아닌 그 시간들을 즐기고 있었다는 뜻이다. 내

기쁨이 욜로나 탕진잼이 아니라 욜로 투자, 탕진 투자였기 때문이다. 돈 모으는 재미를 느껴본 사람은 대략 짐작할 수 있을 것이다.

옷이나 신발, 가방을 사는 기쁨을 나는 부동산등기부등본을 보면서 느꼈다. 특히 한 달 중 20번 수입이 들어오는 기쁨은 소비에서 느끼는 것과 질적으로 다르다. 소비는 통장에 파란색이 찍히지만 수입은 빨간색이 찍힌다. 잔고의 앞자리 숫자가 하나씩 올라갈 때마다 또 다른 재미를 느낄 수 있었다.

어떻게 이럴 수 있었을까? 그건 나의 뇌가 내 생각을 지지하고 있었기 때문이다. 그것이 추운 겨울 옥상에 널부러진 장판을 다시 펴게 만든 원동력이었다.

목표가 열망이 된다면

수많은 계획이 실천조차 해 보지 못한 채 사장된다. 반드시 해내겠다고 다짐했던 계획들도 게으름 앞에서, 두려움 앞에서 처절히 무너진다. 이유는 하나다. 나의 뇌가 준비가 되어 있지 않았기 때문이다. 나의 뇌가 지지를 보내지 않기 때문이다.

이성이 아무리 훌륭한 계획을 세워도, 감정이 수긍하지 않으면 우리는 절대로 실천하지 않는다. 내가 옥탑방의 추운 겨울을 이겨낼 수 있었던 것도 나의 감정이 나의 계획을 응원했기 때문이다. 그리고 목표를 만들어가는 과정을 나의 감정이 즐겁게 느꼈기 때문이다. 만일 그렇지 않았다면 나의 뇌는 옥탑방 사건을 핑계 삼아 '이제 그만두자'고 합리화했을 것이다. '이 정도면 충분하다', '어쩔 수 없는 일이다'라고 스스로를 정당화하며, 결국 내 인생의 방향을 틀어버렸을 것이다.

이런 선택은 우리의 인생 곳곳에서 비일비재하게 일어난다. 그 순간의 감정이 스스로를 목표로 이끌 수도 있고, 반대로 목표를 포기하게 만들 수도 있다. 이제 왜 이토록 감정, 감정을 강조해 왔는지 이해할 수 있을 것이다.

인생이 성공하려면 반드시 목표가 열망 되어야 한다. 그리고 목표가 열망 되려면 감정을 함께 만들어야 한다. 그러니 자신의 목표를 세웠다면 감정 상태를 점검해라. 기분이 좋아지고, 꼭 이루고 싶어진다면 올바른 목표를 세운 것이다.

인간은 한시도 가만히 있을 수 없는 존재다. 반드시 무언가를 해야만 한다. 하고 싶은 걸 못 하게 하는 곳은 감옥뿐이다. 무언가를 하는 것은 그것을 하고 싶기 때문이다. 그것을 목표와 일치시켜라. 진정 하고 싶은 일이 목표가 된다면 열망은 자동적으로 만들어진다.

하고 싶은 생각과 열정이 생기지 않는다면 목표를 다시 세워라. 감정적으로 몰입할 수 있는 실천 방안을 다시 생각해라. 반드시 감정 상태를 확인하고 출발해야 한다. 뇌의 지지만이 겨울의 비바람에도 불구하고 나를 앞으로 나아가게 해 준다.

⦁ 행동이 만드는 새로운 감정의 순환고리

감정은 행동을 유발한다. 그리고 행동에 돌입하면 우리는 새로운 감정 상태를 느끼게 된다. 행동이 감정을 만드는 것이다. 이것은 '감정-행동-감정-행동'으로 이어지는 순환고리이다. 순환고리라는 의미는 중간을 잘라보면 '행동-감정-행동-감정'으로 이어지는 패턴이 만들어질 수 있다는 뜻이다. 그래서 감정을 만드는 또 다른 방법으로 어떻게든 행동에 밀어 넣는 것도 유용할 수 있다. 일단은 무조건 행동에 돌입하는 것이다.

물론 이렇게 자신의 행동을 밀어붙일 수 있는 근본 이유도 궁극에는 감정 때문이다. 우리가 인생에서 하는 모든 일은 행동을 통해 다양한 기분을 느끼기 위함이라는 것을 기억하기 바란다. 우리가 희생을 할 수 있는 이유가 기쁨의 감정을 느끼기 위함이듯이, 자신을 행동으로 밀어 넣을 수 있는 이유도 결국 우리가 하기 귀찮은 일을 끝마쳤을 때의 기분 좋은 상태로 가고자 하는 힘이 작동하는 것이다.

카트라이더 출발 법칙

동기부여 전문가이자 『5초의 법칙』의 저자인 멜 로빈스Mel Robbins는 스스로를 밀어붙여 작은 행동을 시작하는 순간, 자신감과 생산성이 연쇄적으로 높아지는 효과가 일어난다고 말한다. 그녀는 삶을 더 나은 방향으로 바꾸고 싶다면, 자신의 등을 스스로 밀어주는 '추진력'이 반드시 필요하다고 강조한다. 이를 위한 실용적인 도구가 바로 '5초의 법칙'이다. "5, 4, 3, 2, 1, 시작!"이라고 카운트다운을 외치면 머뭇거림을 멈추고 즉각적인 행동으로 옮길 수 있는 '심리적 전환점'을 만들 수 있다는 것이다. 이 단순한 동작이 '망설임을 행동으로 바꾸는 강력한 계기'가 될 수 있다고 그녀는 말한다.

비슷한 방식으로 내가 사용했던 것은 '카트라이더 출발'이다. 우리에겐 국민게임으로 불렸던 카트라이더가 있다. 혹시 이 게임을 모르는 사람을 위해 잠시 설명하자면, 카트라이더는 자동차 레이싱 게임이다. 출발선상에서 모여 출발할 때, '3, 2, 1, START'로 카운트다운이 되는데, '띵띵띵' 하는 효과음과 숫자의 그래픽이 출발 직전의 긴장감을 고조시킨다. 멜 로빈슨의 법칙이 5초의 법칙이라면 카트라이더는 3초의 법칙인 셈이다. 시작점만 다를 뿐 사실상 똑같은 방식이다.

나는 무언가 시작할 때 이 장면을 떠올리는데 효과가 괜찮다. 발표를 시작할 때나, 테니스 시합을 나갈 때, 혹은 아침에 침대에서 일어날 때도 이 방법은 꾸물거리거나 주저할 틈을 주지 않고 바로 행동에 돌입하게 만든다. 그리고 언제나 그렇듯 막상 실천하게 되면 생각보다 그리 긴장되거나 힘들지 않다. 해 보면 별것도 아닌데 자신의 뇌에 스타트 버튼을 누르기가 힘든 것이다.

행동이 감정을 만들어 내기 때문에, 막상 실천에 옮기고 나면 의

외로 기분이 괜찮아진다. 머뭇거리지 않고 무언가를 하고 움직이기 시작하면, 대개 부정적인 감정보다는 긍정적인 감정이 뒤따르기 마련이다. 그리고 이때 느껴지는 감정을 잘 다스리면 된다. 이것은 분명 하나의 작은 승리이며, 작지만 분명한 성과이자 성취다. 그러니 행동에 나선 자신을 칭찬하고, 그 순간을 기꺼이 축하하라. 움직인 당신에게 '할 수 있다!'고 힘껏 외쳐 줘라.

이제는 우뇌 강아지의 힘을 빌릴 차례다. 그가 마음껏 뛰놀 수 있도록 허락하고, 좌뇌 강아지는 안심하고 편히 쉴 수 있도록 만들어 줘라. 이런 소소한 승리의 경험을 통해 자신에 대한 믿음이 생기고, 그것이 곧 자신감으로 이어진다.

좋은 감정을 위한 모든 방법

이제 스스로 순환고리를 만들어 행동하고, 감정을 느끼고, 다시 행동하기 시작했다면, 그 흐름이 멈추지 않도록 감정 관리에 더욱 집중해야 한다. 긍정적인 감정을 만들기 위한 필요한 모든 방법을 동원해야 한다.

좋아하는 음악을 틀어라. 평소 나의 마음을 북돋아 줄 플레이리스트를 미리 만들어 두고, 필요할 때마다 꺼내 듣는다. 춤을 춰도 좋고, 가볍게 운동을 하러 나가도 좋다. 성공을 시각화할 수 있는 사진을 휴대폰 배경으로 설정하거나, 벽에 붙여둔 스토리보드를 바라보라. 이미 그 목표를 이룬 듯 상상하며, 수시로 보고 감정을 끌어올려라. 이 외에도 자신에게 맞는 방식, 기분을 고양시킬 수 있는 나만의 방법을 꼭 찾아내길 바란다.

그러면 다음 행동은 훨씬 수월해지고, 자신감도 생기며 기분 또한 좋아질 것이다. 이처럼 스스로의 감정 상태를 꾸준히 조율하며 행동을 이어가다 보면, 어느 순간 어떠한 일을 위한 행동이 더 이상 어렵거나 두렵게 느껴지지 않을 것이다. 좌뇌 강아지는 이것을 안전한 일상으로 생각하고 비슷한 상황이 생기더라도 더 이상 아무런 경고도 보내지 않을 것이다.

모든 행동을 이런 방식으로 만들어가다 보면, 어느새 실천하는 일들이 늘어나고 자연스럽게 더 많은 경험을 쌓게 될 것이다. 두려움이 더 이상 발목을 잡지 못하게 될 것이다. 물론 행동한다고 해서 모두 성공하는 것은 아니다. 하지만 행동하지 않으면 애초에 성공이라는 결과 자체를 만날 기회조차 없다. 성공은 언제나 '행동한 것들' 속에서만 탄생하기 때문이다. 그래서 '성공할 때까지 행동하라'는 말이 존재하는 것이다.

이제 우리가 지속적으로 행동할 수 있게 되었다면, 성공은 결국 찾아올 수밖에 없는 필연이 된다. 인생의 모든 성공은 이렇게 만들어진다.

감정 에너지를 현명하게 활용하라

감정이 행동을 만든다는 것은 앞서 여러 차례 언급했다. 그런데 우리가 살아가는 일상 속에서는 감정이 끊임없이 만들어진다. 그리고 그 감정은 곧 생각과 행동으로 이어진다. 따라서 우리는 평소에 수시로 만들어지는 감정에 집중할 필요가 있다. 내가 원하는 행동을 이끌어 내기 위해 감정을 의도적으로 만들어 내는 것이 그렇게 어려운 일이라면, 오히려 일상 속에서 자연스럽게 생겨나는 감정을 잘 활용하는 것이야말로 가장 효율적인 방법일 수 있기 때문이다.

분노와 절박함을 건설적으로 활용하라

대표적인 감정 중 하나는 '분노'다. 우리는 일상 속에서 수시로 분노를 경험한다. 세상은 마치 언제든 나를 화나게 만들 준비가 되어 있는 듯, 화를 유발하는 일들로 가득하다. 하지만 이제부터는 분노가 일어날 때, 그것을 나를 위한 에너지로 전환하는 방법을 고민해 보자. 예를 들어, 직장 상사가 나를 무시하고 화나게 했다고 하자. 대부분의 경우 우리는 상사를 원망하거나 분노에 휩싸인 생각 속에서 에너지를 소모해 버린다. 술자리에서 친구들과 상사를 욕하며 감정을 풀려는 식이다.

하지만 그렇게 분노를 쏟아낸다 한들 달라지는 것은 아무것도 없다. 뒤에서 욕을 한다고 해서 그 상사가 변하거나 정신적인 타격을 받는 일은 없다. 결국 우리는 그에게 직접적으로 영향을 줄 수 없다. 그렇다면 더는 상대에게 에너지를 낭비하지 말고, 나 자신에게 집중하는 편이 훨씬 현명하다. 예를 들어, 나의 능력을 입증할 수 있는 새로운 프로젝트를 시작하거나, 기획력이나 어학 능력처럼 실질적인 역량을 키우는 데 힘을 쏟는 것이다. 혹은 더 나은 일자리를 찾아 환경 자체를 바꿔보는 것도 하나의 방법이다.

또 다른 예로, 애인에게 버림받았다면 상대를 비난하는 대신 그 분노를 나의 성공 에너지로 사용해 보자. 아무리 울고불고해 봤자, 상대는 돌아오지 않고, 나의 고통이 전해지지도 않는다. 그 대신 상대가 나를 놓친 걸 후회할 정도로 멋지고 훌륭한 나를 만드는 데 에너지를 활용해 보는 것이다. 악착같이 책을 읽고 공부하며, 일에 몰두해 사업을 키우고 한 단계 더 성장하는 자신을 만들어가다 보면, 전 애인은 자연스레 잊혀지고 더 멋진 인연이 찾아오게 될 것이다. 절대로 바뀌지 않는 상대를 비난하느라 에너지를 낭비할 필요가 없다. 상대에 대한 분노를 '나에 대한 존재 증명'으로 전환하는 것, 그것이야말로 감정을 제대로 활용하는 방식이다.

또 다른 감정으로는 극한 상황에서 솟구치는 '절박함'이 있다. 이 감정 역시 강력한 행동의 에너지원이 된다. 사업에 실패했거나, 실직했거나, 패배 직전에 몰린 상황은 누구에게나 깊은 절박함을 불러일으킨다. 그러나 더 이상 물러설 곳이 없다는 압박과 위기감을 긍정적으로 전환한다면, 그 감정은 폭발적인 추진력으로 바뀔 수 있다.

특히 전쟁의 역사 속에서 장수들은 병사들의 사기를 끌어올리고 전투력을 극대화하기 위해 감정의 힘을 전략적으로 활용해 왔다. 퇴로를 끊고 배수의 진을 치거나, 돌아갈 배를 불태우는 장면은 이미 우리에게 익숙하다. 영화 「명량」에서 이순신 장군은 아군의 본부에 스스로 불을 지르며 "나는 바다에서 죽고자 이곳을 불태운다!"라고 외친다. 그는 병사들에게 더 이상 살 곳도, 물러설 곳도 없음을 분명히 한 뒤, "살고자 하면 죽을 것이요, 죽고자 하면 살 것이다!"라는 말을 통해 절박함을 용기로 전환시켰고, 결국 압도적인 대승을 거두었다. 이순신 장군이 시종일관 고민한 승리의 핵심은 바로 병사들의 '두려움'을 '절박한 용기'로 바꿀 수 있는가였다.

『군주론』으로 잘 알려진 니콜로 마키아벨리Niccolò Machiavelli는 이렇게 말했다.

"고대의 군사 지휘관들은 절박함의 강력한 힘과, 그것이 병사들로 하여금 필사적인 용기를 이끌어 낸다는 사실을 잘 알고 있었기에, 부하들이 절박한 필요성을 느끼도록 만드는 일을 가장 우선시했다."

절박함은 인간이 경험할 수 있는 감정 가운데 가장 강력한 감정

중 하나다. 지금 당신이 하는 일이 뜻대로 풀리지 않고, 벼랑 끝에 몰린 듯한 상황에 놓였다면 좌절부터 할 필요는 없다. 오히려 그 절박한 감정을 에너지로 전환해 보라. 그러면 자신조차 미처 알지 못했던 힘이 내면 깊은 곳에서 솟아오르기 시작할 것이다.

용서하라! 나를 위해서

같은 맥락에서 반드시 짚고 넘어가야 할 또 하나의 감정 기술이 있다. 바로 '용서'다. 용서 역시 고난도의 감정 조절 능력이다. 용서란, 내 감정에 상처를 입힌 상대를 마음에서 놓아주는 일이다. 이것은 에너지를 새롭게 만들어 내기보다는, 계속해서 낭비되고 있던 감정 에너지를 멈추게 하는 기술이다. 그래야 비로소 그 에너지를 다른 생산적인 곳에 쓸 수 있게 된다. 그런 의미에서 보면, 결과적으로 용서 또한 에너지를 올바른 방향으로 흐르게 한다는 점에서 본질은 같다.

우리가 마음속에 용서하지 못한 감정을 계속 쥐고 있으면, 그것은 결국 분노로 이어진다. 하지만 내가 아무리 분노한다고 해도, 상대에게는 아무런 영향도 주지 못한다. 정작 고통받는 쪽은 나 자신뿐이다. 상대는 신경조차 쓰지 않는데, 나만 괴롭고, 나만 소진될 뿐이다.

심리학 박사 크리스 코트먼Chris Cortman과 해롤드 시니츠키Harold Shinitzky는 『감정을 선택하라』에서 용서는 용서하는 사람에게 의료

적·심리적으로 유익하다고 말한다. 감정을 놓아야만 비로소 그 감정으로부터 해방될 수 있기 때문이다. 이들은 특히 '용서는 우리 자신에게 주는 선물이지, 반드시 잘못을 저지른 사람에게 베푸는 것이 아니다'라는 점을 강조한다. 물론 상대가 자신의 잘못을 인정하고 사과한다면 용서가 훨씬 쉬워질 수 있다. 그러나 그것이 꼭 전제조건일 필요는 없다.

용서란, 본질적으로 선택의 문제이며 그 선택권은 언제나 나 자신에게 있다. 자신의 감정을 글로 쓰든, 마음속으로 표현하든, 어떤 방식으로든 마침표를 찍고 감정에 작별을 고하는 것만으로도 충분하다는 것이 그들의 설명이다.

용서하는 법도 배워야 한다. 용서는 스스로 자유로워지는 방법이며, 증오와 원망, 두려움과 수치심으로부터 우리의 마음을 평화로 채우는 방법이다. 우리는 뉴런을 활용할 줄 알고 정신교감을 할 줄 알기 때문에 이를 활용하면 더욱 빠르게 용서할 수 있을 것이다. 용서해라, 나를 위해서.

° 두려움의 허상, 세상은 너에게 관심이 없어

무언가를 시작하려고 할 때, 우리를 가장 주저하게 만드는 감정은 단연 '두려움'이다. 아무리 마음을 다잡고 준비해도, 막상 첫걸음을 떼려는 순간에는 누구나 겁이 난다. 어쩌면 망하지 않을까, 욕먹지는 않을까, 창피당하지는 않을까 하는 걱정이 고개를 든다. 하지만 그런 두려움은 지극히 당연한 것이다. 문제는 그럼에도 불구하고 우리가 한 걸음 내딛느냐, 마느냐. 결국 시작하느냐가 관건이다.

그런데 사실 세상은 우리가 생각하는 것만큼 우리에게 관심이 없다. 지금 SNS에 글을 하나 올려보라. 누구도 '좋아요'를 누르지 않을지도 모른다. 누군가 눌러준다 해도, 그 사람은 금세 잊어버릴 것이다. 아무리 멋진 사진을 올려도, 아무 일도 일어나지 않는다. 그래서 사람들은 팔로워를 늘리려고 맞팔을 하고, 광고를 돌리고, 인기 끄는 법을 알려 주는 강의를 찾는다. 현실이 그렇기 때문이다. 비단 SNS만의 이야기가 아니다. 쇼핑몰을 열어봐도, 커뮤니티를 만들어봐도, 책을 내도, 제품을 팔아봐도 마찬가지다. 세상은 우리에게 놀랄 만큼 무관심하다.

그렇다면 묻고 싶다. 그렇게 두려워하고, 그렇게 신경 쓰는 건 도대체 누구를 위한 것인가? 사실 사람들은 당신을 비난할 시간조차 없다. 자기 인생 살기도 바쁘기 때문이다. 혹시 누군가의 시선이 두려운가? 시작도 안 했는데 혹시 욕먹을까 봐 걱정하고 있는가? 솔직히 말해 보자. 욕을 먹는 것보다 더 어려운 건 애초에 욕을 먹을 만큼 관심을 받는 일이다.

오히려 욕을 듣는다면 당신은 뭔가를 해내고 있다는 뜻이다. 세상의 모든 성공은 어느 정도의 '안티'를 동반한다. 안티조차 없다면, 당신은 아직 아무것도 시작하지 않은 것일지도 모른다.

무서워도 괜찮아, 그건 용기의 증거니까

멜 로빈스Mel Robbins에 따르면, 걱정과 두려움은 머릿속을 장악하고 인생에서 마법 같고 경이로운 순간을 빼앗아 간다. 그녀는 즐거워야 하는 순간에 최악의 시나리오를 생각하는 일은 놀랍게도 흔한 현상이 되었다고 한탄한다. 잘하고 있는데도 자신을 의심하고 쓸데없는 걱정을 하기 때문이다. 그러면서 무서워해도 괜찮다고 말한다.

> "무서워한다는 건 정말로 용감한 일을 하겠다는 거니까."

미국 최고의 보험 세일즈맨의 자리에 오른 프랭크 베트거Frank Bettger도 처음에는 두려움을 느끼고 고객을 만나서 말까지 더듬거렸다. 그는 곧 대중적으로 성공한 많은 유명인도 이러한 두려움을 가지고 있다는 것을 알게 되었다. 그러니 두려움이 생기면 그것을 인정하라고 말한다. 두려움은 성공한 사람도 예외 없이 느끼는 것이므로, 자신이 두려워하고 있다는 것을 인정하는 것은 부끄러운 일이 아니라는 것이다. 하지만 두려움을 극복하기 위해서 노력하지 않는 것은 수치라고 강력하게 말한다. 두려움은 행동을 막기 때문이다.

　두려움을 극복하기 위해 가장 중요한 것은 '첫걸음'을 내딛는 것이다. 막상 행동에 들어서면 생각보다 그리 어렵지 않다는 것을 느낄 것이다. 그리고 그 일이 익숙해지면, 왜 이렇게 처음에 겁을 냈는지 기억조차 안 날 정도로 여유 있고 능수능란해질 것이다. 인간의 적응력은 실로 놀랍다. 처음엔 어렵고 서툴던 일도 어느새 익숙해지고, 마치 오래전부터 해 온 일처럼 자연스럽게 해내는 자신을 발견하게 된다. 운전을 처음 배울 때는 온 신경을 곤두세우지만, 시간이 지나면 목적지에 도착하고도 어떻게 왔는지 기억조차 나지 않는 것처럼 말이다.

　우리는 대체로 자신이 한 일보다는 하지 않은 일 때문에 압도적으로 후회를 많이 한다. 그러니 후회 없이 저질러 보자. 걱정은 내려놓아도 된다. 당신이 생각하는 최악의 상황은 99% 일어나지 않는다. 그럼에도 불구하고 일어나지도 않을 일을 걱정하며 스스로를 부정적인 감정에 빠뜨릴 필요가 있을까? 실재하지 않는 지옥을 왜 스스로의 마음속에 만드는가? 자신이 지금 생각하는 것들이 모여 스스로의 실재를 만들어간다는 것을 기억하기 바란다.

　지금은 세상이 당신에게 아무런 관심도 없을지 모르지만, 언젠가는 세상의 관심을 받는 자신을 만들어 낼 수 있을 것이다. 그러니 지금은 즐겁게 두려움을 넘어 행동하라.

내 하루를 어떻게 움직일 것인가?

디스펜스Dispenza 박사는 "왜 사람들은 매일 아침, 하루를 시작할 때 자신이 어떤 상태가 되고 싶고, 어떻게 느끼고 싶은지 되새기지 않을까요?"라고 반문한다.

자신이 원하는 상태와 감정을 의식적으로 떠올리는 일은 실제로 그날의 하루를 그렇게 만들어가는 데 영향을 준다. 그만큼 이 단순한 습관은 하루 전체에 강력한 영향을 미치기에 결코 가볍게 여겨서는 안 된다. 미국의 정신과 전문의이자 뇌 건강 분야의 선도적인 전문가인 다니엘 G. 에이멘Daniel G. Amen 박사는 이렇게 말한다.

"우리가 어떤 방식으로 생각하느냐가 우리가 느끼는 감정 상태를 만든다. 그리고 그 감정이 곧 기분을 형성한다. 만약 이 기분을 제대로 관리하지 않고 방치하면, 그것은 어느새 기질이 되고, 결국 성격으로 굳어진다."

즉, 매일의 기분 상태가 결국 나의 기질과 성격을 만들어가는 것이다. 내가 어떤 인생을 살게 될지는 아침의 기분에 달려 있다고 해도 과언이 아니다. 그러니 아침에 일어나서 자신의 기분을 점검하자. 나의 좌뇌, 우뇌 강아지를 쓰다듬고, 잠시 9신과 회의를 열어도 좋다. 오늘의 나의 모습을 상상하고, 오늘은 기분 좋은 최고의 날이 될 것이라고 스스로에게 말해 보자.

 정신적인 연습만으로도 신체적인 연습을 한 경우와 마찬가지로 뇌가 달라진다는 것은 여러 번 강조해 왔다. "하루를 어떻게 보낼지 시각적으로 상상하는 방법은 실제로 인생을 좌우하는 결단을 내릴 때 큰 도움이 된다."라는 에이멘 박사의 말은 그래서 중요하다.

 아침 기분을 만드는 습관을 들이면 내 기분의 습관이 바뀌고 나의 성격이 바뀔 것이다. 이것이 내 삶을 만들고, 내 인생의 흐름인 것은 두말할 나위가 없는 것이다.

생각의 틀을 바꾸면
삶도 바뀐다

◦ 인생은 다른 시간에, 다르게 피어난다

우리는 나이 드는 것에 민감하다. 나이가 한 살, 두 살 늘어날수록 능력과 자신감이 줄고, 새로운 도전도 어렵다고 느낀다. 그래서 젊을 때 반드시 성공해야 한다는 강박에 시달리거나, 나이가 들면 이제 더는 뭘 할 수 없다는 생각에 현실에 안주해 버리곤 한다.

하지만 지금 당장 성공하지 못했다고 자책할 필요는 없다. 나이의 앞자리가 바뀌었다고 조급해할 이유도 없다. 오프라 윈프리Oprah Winfrey의 말처럼, 모든 사람에게는 저마다의 '최고의 운명'이 있으며, 그 운명은 때로 늦게 꽃피기도 하기 때문이다.

모두가 똑같을 필요도 없고, 똑같아질 수도 없다. 우리 모두가 스티브 잡스처럼 차고에서 창업을 시작해야 할 이유는 없다. 애초에 차고도 없을뿐더러, 그의 삶과 나의 삶은 전혀 다른 조건 위에 놓여 있다. 그는 그이고, 나는 나다. 그러니 세계 상위 0.001%와 자신을 비교하는 건 애초에 무의미한 일이다. 중요한 건 비교가 아니라, '나에게 맞는 성공'에 집중하는 것이다.

리치 칼가아드Rich Karlgaard는 『레이트 블루머』에서 우리는 어느 나이대든 삶의 어떤 국면이든 스스로 꽃필 수 있다는 믿음을 가져야 한다고 강조한다. 그는 늦게 성공한 '레이트 블루머'들이 오히려 일찍 성공한 사람들보다 역경과 좌절에 더 잘 대처하며, 정서 지능과 다양한 기술 습득 능력에서도 뛰어난 경우가 많다고 말한다. 특히 감정을 조절하는 능력은 더욱 탁월하다는 것이다.

실제로 다양한 분야에서 수많은 레이트 블루머들의 예를 찾아볼 수 있다. 모건 프리먼Morgan Freeman은 52세에 영화 「드라이빙 미스 데이지」로 주목받으며 스타 반열에 올랐다. 콜로넬 샌더스Colonel Sanders는 40세에 모든 것을 잃었지만, 65세에 KFC를 창업해 패스트푸드 업계의 전설이 되었다. 줄리아 차일드Julia Child는 50세에 요리 방송을 시작해 미국 가정식 요리의 아이콘이 되었고, 조앤 K. 롤링J.K. Rowling은 이혼과 극심한 생활고를 겪다가 53세에 『해리 포터』 시리즈를 출간하며 세계적인 작가가 되었다. 또한 해리엇 톰슨^{Harriette Thompson}은 76세에 마라톤을 시작해 92세에 세계 최고령 마라톤 완주자로 기록되었다.

이처럼 세상에는 나이와 상관없이 늦게 피는 꽃이 많다. 그러니 자기 자신을 의심하거나, 너무 늦었다고 한탄할 필요는 없다. 하루하루를 충실히 살아간다면, 언젠가는 반드시 자신만의 꽃을 피울 시기가 찾아오게 마련이다. 꽃은 저마다의 계절을 가진다. 봄에 피는 꽃이 있는가 하면, 가을에 피는 꽃도 있고, 심지어 겨울 눈을 뚫고 올라오는 꽃도 있다. 그리고 언제 피든, 모든 꽃은 저마다의 방식으로 아름답다. 코스모스가 민들레보다 늦게 핀다고 해서, 그 가치를 누가 평가할 수 있겠는가?

꼭 하나만 해야 할 필요는 없어

언제든 꽃을 피울 수 있다는 믿음이 기존의 고정관념을 깨는 일인 것처럼, 우리가 일하는 방식에서도 고정된 생각의 틀을 깰 수 있다. 우리는 흔히 '일을 너무 많이 벌이면 집중력이 분산된다'는 말을 듣는다. '하나라도 제대로 하라'는 충고도 자주 접한다. 이는 분명 일리 있는 말이다. 사람은 한 번에 하나의 일에만 온전히 집중할 수 있기 때문이다.

우리도 그렇게 해야 한다. 하지만 이 말은 곱씹어 보면, 한 번에 하나씩만 하라는 뜻이지, 오직 하나의 일만 해야 한다는 의미는 아니다. 즉, 한 순간에는 하나의 일에만 집중하되, 그 일을 끝낸 뒤에는 또 다른 일에 집중하면 된다.

『폴리매스』의 저자 와카스 아메드 Waqas Ahmed 는 여러 분야를 넘나들며 활동하는 사람들을 '폴리매스'라 부른다. 이들은 말 그대로, 인생의 다양한 영역을 병행하며 살아가는 사람들이다. 그는 모든 인간은 본래 폴리매스가 될 가능성을 지니고 있으며, '한 분야에 오랫동안 헌신해야만 창의적 혁신이 가능하다'는 통념은 잘못된 전제라고 단언한다.

지도자는 전체를 꿰뚫어 볼 수 있는 통합적 안목을 가져야 하며, 진정한 지식인은 경계를 허물고 전 분야를 아우르는 종합적 세계관을 추구해야 한다는 것이다. 실제로 역사 속의 위대한 인물들은 하나의 정체성에 머물지 않았다.

아리스토텔레스는 철학자이자 생물학자, 물리학자, 천문학자였으며, 레오나르도 다 빈치는 화가이자 해부학자, 건축가, 과학자, 작가였다. 코페르니쿠스는 천문학자이면서 경제학자, 수학자, 법률가, 의사였고, 괴테는 철학자, 소설가, 과학자, 화가였다. 나이팅게일은 간호사이자 통계학자, 작가, 신학자였고, 슈바이처는 의사이자 신학자, 철학자, 음악가였다.

그러나 현대 사회는 점점 더 세분화되고 전문화되면서, 전체를 조율하고 통합하는 능력이 점차 약화되고 있다. 우리는 어느새 한 분야의 전문성만이 유일한 해답이라는 고정관념 속에 스스로를 가두고 있는지도 모른다.

수십만 년 동안 생존해 온 우리의 조상들은 사실상 다방면의 문제 해결자들이었다. 그들은 생존에 필요한 거의 모든 것을 알고 있던 진정한 폴리매스Polymath였다. 사냥과 채집은 물론 집을 짓고 도구를 만들며, 다양한 위험에 대처하는 법까지 몸으로 익히고 실천하며 살아갔다. 하지만 오늘날의 현대인들은 그만큼의 생존력을 지니고 있지 않다. 대부분은 자신의 전문 분야 외에는 아무것도 할 줄 모르기 때문이다. 심지어 식량을 구하는 방법조차 모르고, 단지 마트에 가는 것만이 유일한 생존 방식이 되어버렸다.

만약 오늘날의 '전문화된 교육'이 여전히 산업화 시대의 논리에 갇혀 있고, 그 결과가 하기 싫은 직업에 억지로 매달려 살아가는 삶이라면, 우리는 이제 다시 본래의 가능성을 회복할 수 있는 길을 찾아야 한다. 왜냐하면 지금 우리의 뇌 역시 그 폴리매스 조상들의 뇌와 본질적으로 다르지 않기 때문이다.

평생직장이 무너지고, 40대에 명예퇴직을 권유받는 것이 지금의 세상이다. 그래서 우리는 언제든 인생 2막을 위한 준비를 하고 있어야 한다. 그리고 그것은 꼭 한 가지 일일 필요는 없다. 우리도 폴리매스가 되어야 한다. 내가 하고 싶었던 다양한 분야의 일들을 직접 만들고 공부하면 된다. 세상에는 정규 교육과정 이외에도 흥미로운 지식의 세계가 무한히 펼쳐져 있다.

독학해도 괜찮다. 수많은 책들과 강의, 강좌들이 널려 있다. 나에게 열정만 있다면, 무엇이든 시작할 수 있다. 실제로 역사 속의 폴리매스들도 대부분 독학으로 성과를 이루어 냈다. 우리라고 못할 게 뭐가 있는가? 요리 유튜버를 하면서 글을 쓰는 작가로도 활동하고, 동시에 쇼핑몰을 운영하고, 운동 커뮤니티를 만들어갈 수도 있다. 한 분야의 전문가가 아니라, 여러 분야의 전문가가 될 수 있는 것이다.

우리는 우리 선조들에게서 배워야 한다. 그들은 뇌를 적극적으로 활용함으로써 다른 다른 종을 압도하고 인간을 지구의 최강자로 만들었다. 만약 그들이 폴리매스가 아니었다면, 우리는 살아남을 수 없었을 것이다.

우리는 그런 폴리매스들의 후손이며, 마땅히 폴리매스가 될 수 있는 존재다.

자본주의가 경쟁사회라고 누가 그래?

"남들과 똑같이 생각해서는 안 된다.", "모두가 서 있는 그 길이 반드시 성공의 길은 아니다."라는 말을 들어본 적이 있을 것이다. 이는 내가 가고자 하는 길이 정말 나만의 길인지, 아니면 모두가 무심코 따라가는 길은 아닌지 늘 되돌아보라는 의미다. 그런데 이것을 실제 삶에서 실천하려면 한 가지 중요한 관점을 다시 생각해 볼 필요가 있다. 바로 '경쟁'이라는 개념을 새롭게 바라보는 것이다.

우리가 자꾸 남들의 발자국을 따라가게 되는 이유는, 자본주의 사회를 '경쟁사회'로 인식하고 있기 때문이다. 그래서 사람들은 소위 잘나간다고 평가받는 분야를 좇고, 그 안에 있는 경쟁자를 타깃으로 삼는다. 그리고 어떻게 하면 그들보다 더 잘할 수 있을지 고민한다. 하지만 우리를 진짜 성공으로 이끄는 것은 남들과의 경쟁이 아니라, 아직 누구도 가보지 않은 길을 향한 용기다.

『제로 투 원』의 저자이자 페이팔 공동 창업자인 피터 틸Peter Thiel은 '지속적인 가치를 창출하고 보유하고 싶다면, 차별화되지 않는 제품으로 회사를 시작하지 말라'고 경고한다. 그는 경쟁을 우리의 사고를 왜곡하는 하나의 이데올로기로 보았다. 경쟁을 강조하고, 경쟁을 요구한 결과 우리는 끝임없는 경쟁 속에 갇히게 되며, 오히려 경쟁이 치열해질수록 우리가 얻는 것은 줄어든다는 것이다. 틸은 항공사들은 서로 경쟁하지만, 구글은 사실상 경쟁자가 없다고 말한다. 그리고 그 결과, 구글의 기업 가치는 미국 내 모든 항공사를 합친 가치의 세 배에 달한다고 강조한다.

『핑크 펭귄』의 저자 빌 비숍Bill Bishop은 "뻔하면 묻히고, 뻔하면 죽는다."라고 말한다. 우리가 아무리 '나는 다르다'고 외친다 해도, 똑같은 펭귄 무리 안에 섞여 있다면 사람들 눈에는 그냥 또 하나의 평범한 펭귄일 뿐이다. 부리가 조금 길다거나, 키가 약간 크다고 해서 구분되지는 않는다.

우리가 진짜 경쟁력을 갖는 순간은 오직 '핑크 펭귄'이 될 때뿐이다. 완전히 새롭고, 완전히 다른 유일한 존재가 되어 시장을 장악할 수 있을 때, 비로소 성공의 길이 열린다는 것이다.

알 리스Al Ries와 잭 트라우트Jack Trout의 『마케팅 불변의 법칙』에서도 첫 번째 법칙은 '선도자의 법칙'이다. 마케팅에서 가장 중요한 원칙은 남들보다 더 나은 제품을 만드는 것이 아니라, 가장 먼저 시장에 뛰어드는 것이다. 비슷한 물건을 더 좋게 만드는 것보다, 최초로 시작하는 것이 훨씬 유리하다. 왜냐하면 사람들은 실체나 본질보다 '먼저 기억된 것'을 더 우수하다고 인식하는 경향이 있기 때문이다. 결국 마케팅은 제품 간의 경쟁이 아니라, '인식' 간의 싸움인 것이다.

그런데도 우리는 습관처럼 경쟁이 피 튀기는 그곳을 향해 걸어간다. 하지만 잠시 멈춰라. 그리고 스스로에게 물어보라.

'지금 나는 어디로 가고 있는가?'

주위를 둘러보라. 이미 수많은 펭귄의 발자국이 찍혀 있는 길이라면, 과감히 방향을 틀어야 할 때다.

우리가 해야 할 유일한 경쟁은 단 하나다. 내가 먼저 '퍼스트First'

가 된 그 길에, 다른 펭귄들이 나를 따라오기 시작할 때, 그때 비로소 이기는 것이다.

우리에겐 다른 발자국이 필요하다

만일 내가 하려는 비즈니스 분야에 이미 경쟁자가 있다면, 다른 분야와의 결합을 통해 콘셉트를 차별화하는 방식으로 방향을 틀어야 한다. 경쟁을 택하는 것이 아니라, 새로운 분야를 만들어 내는 것이다. 1인 가구에 맞춰 소량으로 포장된 제품이나, 전날 주문한 식재료가 아침 일찍 신선하게 배달되는 시스템은 기존의 상식을 흔들며 좋은 반응을 얻었다. 외국어 교육도 모두 '영유아 영어'만 떠올릴 때 '다개국어'라는 키워드로 성공한 사례가 있다. 이는 기존의 방식을 변형해 새로운 비즈니스를 만들어 낸 좋은 예다.

지금 당신이 있는 분야도 마찬가지다. 경계를 나누거나 결합하면서 새롭게 만들어 낼 수 있다. 그래서 우리에겐 좋은 질문이 필요하다.

'어떻게 하면 나만의 방법을 만들 수 있을까?'

'어떻게 하면 나만의 독특하고 독창적인 방식을 만들어 낼 수 있을까?'

물론 그것을 찾는 일은 쉽지 않다. 하지만 그렇기 때문에 아무나 할 수 없는 것이고, 그렇기 때문에 그 안에 나만의 성공 가능성이 열리는 것이다.

"성공하고 싶다면 다른 사람의 발자국 위에 발을 올리지 마라. 항상 자기만의 독특한 방식을 고민하라. 자신의 삶을 더 나은 것으로 만들기 위해서는 어떻게 하면 창조적인 결과물을 얻을 수 있는가를 생각해야 한다."

─ 『스마트한 성공들』 중에서

'경쟁이 당연하다'는 생각은 이제 다시 생각해 보아야 한다. 앞으로의 삶을 설계할 때는 어떻게 하면 경쟁하지 않을 수 있을까를 먼저 고민하라. 그 말은 곧 자신만의 온리원 Only One 을 찾아야 한다는 뜻이다. 최고가 되는 것이 아니라, 나만의 유일함을 추구해야 한다는 의미다. 이 단순한 원칙 하나만 기억해도, 당신의 생각 방식은 달라질 수 있다.

생각을 다시 생각하라. 그곳에 스마트한 성공이 기다리고 있을 것이다.

죽음은 축복이다

죽음을 이야기하는 일은 불편하다. 죽음은 슬픈 작별이자, 피하고 싶은 주제로 여겨진다. 게다가 그것은 지금 당장 피부에 와닿는 현실도 아니다. 그러나 분명한 사실이 하나 있다. 누구도 예외 없이, 언젠가는 죽음을 맞이한다는 것이다.

그렇다면 죽음은 외면하거나 회피할 수 있는 선택의 문제가 아니라, 필연적으로 마주하게 될 운명이다. 그렇다면 오히려 우리가 먼저 진지하게 생각해 보아야 하지 않을까? 과연 우리는 그 죽음을 어떻게 맞이할 것인가?

로버트 그린Robert Greene은 『전쟁의 기술』에서 죽음을 대하는 자세에 대해 이렇게 말한다.

"죽음은 눈에 보이지 않는 그 무엇, 우리로부터 몇 걸음 떨어진 그 무엇이다. 그런 거리감을 유지하는 동안 마음은 잠시 편할 수 있지만, 결국엔 끔찍한 결과를 초래한다."

그는 죽음을 회피의 대상이 아니라 포용의 대상으로 삼아야 한다고 강조한다.

"우리가 살아갈 날은 얼마 남지 않았다. 그날들을 반쯤 잠든 채로 마지못해 흘려보낼 것인가? 아니면 정신을 바짝 차리고 살아갈 것인가?"

우리는 일상 속에서 죽음을 진지하게 바라보지 않는다. 그래서 죽음은 아직 멀고, 지금 생각할 필요 없는 '쓸데없는' 주제로 치부

된다. 하지만 역설적으로 우리는 죽기 때문에 살아갈 수 있다. 죽음을 분명하게 인식해야만, 인간은 시간의 유한함을 깨닫고 더 치열하게 행동하며 살아갈 수 있다. 죽음을 잊고 사는 삶은 오히려 삶을 갉아먹는다. 그것은 나태함을 만들고, 안일함에 빠지게 한다. 왜냐하면 인간은 결국 환경의 영향을 받는 존재이기 때문이다.

삶이 소중한 이유는 끝이 있기 때문이다

삶이 무한하다면 우리는 어떤 일도 진지하게 받아들이지 않을 것이다. '이 일을 지금 굳이 귀찮게 끝낼 필요가 있을까? 100년 후에 해도 되고, 1000년 후에 해도 되지. 어차피 나는 영원히 살 테니까.' 이런 생각이 들 수밖에 없다.

하지만 영원히 산다고 해서 그것이 곧 행복을 의미하지는 않는다. 셸리 케이건 Shelly Kagan은 『죽음이란 무엇인가』에서 영생은 삶의 최고 형태가 될 수 없다고 주장한다. 그는 아무리 좋아하는 일이라도 똑같은 것을 끝없이 반복하면 결국 인간은 싫증을 느끼게 마련이며, 기억이나 욕망, 취향 등을 주기적으로 바꾸거나 심지어 기억을 삭제해도 그 문제는 해결되지 않는다고 말한다. 왜냐하면 그 모든 것이 '영원히' 반복되기 때문이다.

결국 그는 아무리 생각해도 영생이란 인간이 그토록 갈망한 가치가 아니라, 오히려 악몽이 될 것이라고 결론짓는다. 한마디로 영원한 삶은 우리를 행복하게 만들기는커녕 오히려 불행하게 만들 뿐이라는 것이다. 물론 우리의 삶에서 영생은 없으니 이에 대해서 논할 필요가 없을 수도 있다. 그런데 문제는 바로 우리가 영원히 살 것처럼 행동한다는 것이다. 다시 말해 우리는 엄청나게 여유를 부리고, 엄청나게 시간을 낭비한다.

우리는 가끔 이런 질문을 한다. '만약 내가 앞으로 1년밖에 살 수 없다면, 혹은 단 한 달만 남았다면, 나는 무엇을 할까?' 그제서야 비로소 우리는 진정으로 소중한 것을 떠올리고, 오래전부터 마음속에 품고 있었던 '진짜 하고 싶었던 일들'을 소환한다. 그것이 가장 소중한 것이라면 왜 지금 하고 있지 않는 것인가? 살아가면서 꼭 해야 하는 진정 소중한 것을 모르지 않으면서 왜 자꾸 뒤로 미루는가? 도대체 지금 무얼 하고 있는 것인가?

많은 사람이 생의 마지막 순간에 후회한다. 가장 사랑하는 사람들과 충분히 사랑하지 못한 것, 오래도록 해 보고 싶었던 일을 끝내 해내지 못한 것, 그 모든 미완의 순간들을 말이다.

지금 걸어가지 않으면, 그 길은 영원히 사라질지도 모른다. 부모님은 우리가 여유로워질 때까지 기다려 주지 않으며, 오늘 미룬 일은 앞으로도 계속 미뤄질 가능성이 크다. 삶은 기다려 주지 않는다.

삶이 소중한 이유는 그 끝이 있기 때문이다. 나는 반드시 죽는다. 그렇기 때문에 '나는 어떻게 살아야 하는가'라는 철학적 주제를 던져준다. 죽음에 대한 생각은 곧 '지금 이 순간을 어떻게 살아야 하는지'에 대한 삶의 고민으로 이어지기 때문이다.

그러니 우리가 죽는다는 것을 기억하라. 부모님도, 나도, 이 세상에 머물 수 있는 시간이 그리 많지 않다는 것을 자각하라. 지금 하지 않으면, 언젠가 반드시 후회할 것임을 떠올려라. 그러면 지금 짜증 나고 귀찮게 느껴지는 그 시간조차 얼마나 소중한 순간인지를 다시금 느낄 수 있을 것이다.

우리에게 주어진 시간이 유한하다는 사실을 이해하는 것, 그것은 오히려 축복이다. 삶에는 끝이 있다는 사실을 담담히 받아들이는 용기, 그 용기야말로 진짜 삶의 시작이다. 살 날이 얼마 남지 않았다는 사실을 인식하는 순간, 우리는 비로소 무엇이 진정 중요한 것인지를 깨닫게 된다. 셸리 케이건 Shelly Kagan은 이렇게 말했다.

"우리는 죽는다. 그렇기 때문에 잘 살아야 한다. 죽음을 제대로 인식한다면, 인생을 어떻게 살아야 할지에 대해 기꺼이, 그리고 진지하게 고민하게 될 것이다."

마크 트웨인 Mark Twain은 "죽음에 대한 공포는 삶에 대한 공포에서 비롯된다. 삶을 충실히 살아온 사람은 언제든 죽을 준비가 되어 있다."라고 말했다.

죽음, 생명을 가진 우리 모두가 필연적으로 맞이하게 되는 것. 죽음은 나의 운명이며, 우리는 모두 반드시 그 순간을 마주하게 된다. 그렇기에 우리는 그 죽음을 외면할 것이 아니라, 내 삶의 일부로 받아들일 줄 알아야 한다. 죽음을 용기 있게 마주하라. 그 죽음이 오히려 내 삶을 되돌려 줄 것이다.

◦ 꼭 그렇게 살아야 하는 건 아니야

오래전 봤던 「추노」의 한 장면이 떠오른다. 여주인공 김혜원이 과거 노비였음을 고백하고 떠나려 하자, 송태하는 과거 자신이 말했던 '내가 변하지 않으면 세상은 변하지 않습니다'를 떠올리며 그녀를 붙잡는다.

"기다려 주시겠습니까? 노비가 되었어도 그런 세상을 상상해 보지 못했습니다. 내가 옳은 생각을 세울 때까지 도와주며 기다려 주시겠습니까?"

이 장면이 인상 깊었던 건, 송태하가 노비가 되어도 여전히 제도의 문제를 인식하지 못했다는 점 때문이다. 노비제도는 수백 년 동안 이어졌지만, 당시 사람들에겐 사회적 합의이자 당연한 시스템이었다. 그 안에서 문제의식을 가진 사람조차 제도를 바꾸지 못했고, 그래서 더 오래 지속되었다.

그렇다면 지금의 시대는 과거와 다를까? 지금 우리가 '당연하다'고 여기는 가치들이 과연 영원히 지속될 수 있을까? 예를 들어, 결혼제도는 과연 당연한 걸까? 평생 한 사람하고만 살아야 하는 것이 인간 본성에 맞는 것일까? 아니면 언젠가는 사라질 제도일까? 결혼하지 않고 동거 상대를 수시로 바꾸며, 결혼과 무관하게 아이를 낳는 삶은 과연 이상한 것일까?

이런 질문들은 아직 우리에게는 낯설 수 있지만, 이미 세계 곳곳에서는 공공연히 실현되고 있다. 유럽에서는 '비혼 출산'이 새로운 가족 형태로 자리 잡았고, 프랑스·노르웨이·스웨덴 등 주요 국가에서는 결혼하지 않고 태어나는 아이들이 법적 부부 사이에서 태어나는 아이들보다 더 많아졌다. 미국에서도 대졸 30대 여성의 25%가 비혼 출산을 선택하고 있다.

이런 흐름이 계속된다면, 수십 년 뒤 사람들은 결혼제도를 낡은 관습쯤으로 여길지도 모른다. 마치 지금 우리가 "나 땐 얼굴도 못 보고 결혼했어."라는 말을 들을 때 고개를 절레절레 흔들듯이 말이다.

비단 결혼제도뿐이겠는가? 우리 생활의 모든 가치관이 빠르게 변화하고 있다. 기존의 권위는 빠르게 무너지고, 당연하게 여겨졌던 질서에도 균열이 가고 있다. 과거에는 아동 노동을 당연하게 여겼지만, 지금은 상상도 할 수 없는 일이다. 과거에는 주 6일 출근이 기본이었지만, 이제는 주 4일제를 얘기하는 세상이다. 지금은 집을 재산 증식 수단으로 여기지만, 미래에는 자동차처럼 시간이 갈수록 가치가 떨어지는 소비재로 여길지도 모른다.

결국 삶에는 절대 불변의 공식이란 없다. 그러니 다른 방식의 삶을 고민해도 괜찮다.

'남들의 시선이 중요한가, 나의 행복이 중요한가?'

'남에게 맞춘 삶을 살아야 할까, 내가 원하는 삶을 선택해야 할까?'

답은 이미 우리 마음속에 존재하고 있다. 물론 남을 신경 쓰지 않는다고 해서 남에게 피해를 주어서는 안 된다는 것은 굳이 설명할 필요조차 없을 것이다. 그 전제가 지켜진 삶이라면, 산에 들어가 자연인으로 살든, 결혼하지 않고 아이만 낳아 키우든, 대학에 가지 않든, 취업을 하지 않든, 우리는 원하는 대로 자신의 삶을 설계할 수 있다.

그래서 어떻게 살 것인가?

모든 제도는 처음부터 존재한 것이 아니다. 제도는 인간이 만들었고, 지금도 인간이 바꾸어가고 있다. 그리고 그 모든 제도가 언제나 합리적이고 인간적인 것도 아니었다. 정당한 제도 아래에서조차 수많은 사람이 죽음을 맞이했고 핍박을 받았으며, 고통 속에 살아야 했다. 그 과정에서 인간의 삶을 통합하는 '절대 법칙'도, 누군가가 채택한 '진리의 기준'도 여지없이 무너져 내렸다. 절대적 가치, 보편적 정답이란 결국 존재하지 않았던 것이다. 사회주의는 무너졌고, 이윤 추구에만 몰두했던 초기 자본주의 역시 형태를 바꾸며 변화해 왔다.

그럼에도 여전히 우리가 사는 사회는 많은 부분에서 비인간적이며, 본질을 왜곡하는 현실은 진정 인간다운 삶을 살아가기를 어렵게 만들고 있다.

양극화는 갈수록 심화되고 있으며, 경쟁에서 밀려난 다수는 극소수만이 부를 독점하는 사회에서 가난한 삶을 살아가게 될 것이다. 자산은 점점 더 소수에게 집중되고, 앞으로의 경쟁사회는 인간을 점점 더 메마르고 각박하게 만들 것이다.

『부의 미래』에서 엘빈 토플러 Alvin Toffler가 지적했듯이 제도권은 지식 기반 시스템의 발전을 오히려 방해하며, 변화의 소용돌이에 제대로 대응하지 못하고 있다. 관료제와 제도권 조직은 고정관념과 형식에 갇혀 근본적인 전환에 무능하고, 그로 인해 심각한 사회문제가 끊임없이 발생하고 있다. 게다가 현대 사회는 기술의 급속한 발전 속도를 정신적·도덕적 성장이 따라가지 못하고 있으며, 이로 인해 인간 소외와 내면의 황폐화가 점점 심화되고 있다. 이익 추구를 최고의 가치로 삼는 사회에서는 결국 인간성도 사랑도 계산과 거래의 대상으로 전락하고 황금만능주의가 지배하게 된다. 이런 흐름 속에서 우리 사회는 점점 더 '내용성'을 잃어가고 있다.

하지만 그럼에도 새로운 세대는 새로운 세상의 삶을 만들어갈 것이다. 모든 세대는 언제나 '살기 힘든 시대'라고 말해 왔지만, 그 속에서도 사람들은 언제나 새로운 삶의 길을 개척해 왔다. 그렇기에 이제 새로운 세상을 맞이할 우리는 스스로에게 진지한 질문을 던져야 한다.

"나는 어떻게 살아야 하는가?"

이제 우리는 당연한 것이 당연해지지 않는 혼돈의 세상에서 어떻게 살아가야 할지 진지하게 생각해 봐야 한다. 스스로 생각하지 않으면 남의 생각대로 살게 된다. 그것은 분명 나의 삶이 아니다. 나는 세상의 중심은 아니지만, 내 사고의 중심인 것은 분명하다. 세상을 바꿀 수는 없지만 나를 바꿀 수는 있다. 그래야 세상을 바라보는 나의 태도가 바뀐다. 그것만이 세상의 고정관념을 다른 각도로 보고, 새로운 가치를 찾아낼 수 있을 것이다. 그것만이 진정한 변화이고, 나의 삶을 찾아줄 것이다. 어차피 삶에는 불변의 공식은 없으니까.

에필로그

20년, 돌고 돌아, 결국 나로 향하는 길이었다

　나는 오래전부터 '인간의 행복이 무엇인지'에 대해 관심이 많았다. 고등학교 시절부터 교육제도를 비롯한 현실에 대한 불만이 많았고, 삶은 행복하지 않았다. 그리고 그 감정은 군 복무 시절 절정에 달했다. 당시 내가 복무했던 의경부대는 구타와 가혹행위가 심각했고, 뉴스에 보도될 정도로 악명이 높았다. 그때 나는 철창이 처진 화장실에서 창밖을 멍하니 바라보며 삶에 대해 생각했던 순간을 지금도 잊지 못한다.

　'어떻게 이럴 수가 있지? 어떻게 저 사람들은 저렇게 웃으면서 지나갈 수가 있지?'

나는 이렇게 괴로운 데, 어떻게 창밖의 사람들은 저렇게 웃으며 지나갈 수 있는지 이해할 수 없었다. 불과 담 하나 사이로 이렇게 다른 세상이 존재할 수 있다는 사실에, 이 세상에서 나를 도와줄 사람이 아무도 없다는 사실에 경악했다.

'이런 곳이 있을 줄은 미처 몰랐다. 여기는 생지옥이다.'

그리고 인간이 만든 제도가 인간 스스로를 얼마나 괴롭힐 수 있는지, 고통스럽다는 것이 무엇인지를 뼈저리게 느꼈다. 그리고 다짐을 했다.

'이 세상에 고통받는 사람들을 결코 외면하지 않겠다!'

군대를 제대하고도 그때의 고통은 어디에나 존재한다는 것을 깨달았다. 이 고통에서 벗어날 수 있다면 무엇이라도 내줄 수 있다는 절박함이 존재한다는 것을 목격했다.

'심장이 쿵 내려앉는 느낌이다. 가슴에 독극물을 부은 듯 쓰려오고, 열이 올라 가슴을 다 태워버릴 것 같다. 몸이 부들부들 떨리고, 입맛도 없고 잠도 오지 않는다.'

정도의 차이는 있지만 고통은 모든 사람에게 존재했다. 돈이 많든 적든, 가진 것이 많든 없든 상관없이 단 한 명도 예외가 없었다. 나는 그제야 깨달았다. 인간의 삶이라는 게, 태어났다는 것이 고통일 수 있다는 것을. 수많은 세상의 공격 속에서 걱정, 불안, 스트레스의 삶은 결코 끝나지 않았고, 그림자처럼 언제나 존재하는 현상이었다.

'왜 사람들은 행복하지 않을까?' 첫 번째 질문이었다.

그 후로 대학도 열심히 다니고, 취업도 하고, 투자도 하고, 남들처럼 나름 열심히 살아왔다. 하지만 만족하고 행복했던 순간보다는 뜻대로 되지 않아 실망했던 순간이 더 많았다. 그리고 열심히 살았다는 것도 과연 온전히 나를 위한 인생이었는지에 대한 회의감이 밀려들었다. 다양한 시도를 하려 했지만, 실제 내 인생의 대부분은 직장생활이 차지했고, 성취감도 잠시뿐, 무언가 더 큰 것을 좇아 쳇바퀴 돌 듯이 갈망은 계속 되었다. 결국 내가 진정으로 하고 싶은 일들은 머릿속에서만 맴돌 뿐, 대부분 실제 행동으로 옮기지 못한 채 시간 속에 흘러가 버렸다.

결단의 순간들도 있었지만, 대부분은 '때가 되면, 나중에 준비가 되면'이라는 핑계로 한없이 스스로를 정당화하며 미루고 또 미뤘다. 왜 내 마음이 어떤 때는 불처럼 타오르다가도, 어떤 때는 한 없이 게으르고 두려운지 알지 못했다. 마음이 갈팡질팡 내 마음대로 되지 않았다. 그 결과 무언가 바쁘게 살았지만, 행복하고 만족스러운 순간은 좀처럼 오지 않았다.

'왜 사람들은 행동하지 않을까?' 두 번째 질문이었다.

그때부터 두 질문은 항상 나의 인생 질문이 되었다. '어떻게 행복한 삶을 살 수 있는지, 어떻게 원하는 삶을 만들어나갈 수 있는지' 해결책을 찾기 시작했다. 이를 위해서는 '인간이 무엇인지' 먼저 알아야만 했다. 그래서 진화생물학, 분자생물학, 진화심리학, 행동경제학 등을 공부했다. 인간의 모든 것을 만들어 내는 뇌에 대해서 알아야 했고, 스트레스와 마음이 무엇인지 연구했다. 이 과정에서 자기 대화, 호흡법, 명상 등을 실험했다. 삶을 바꿀 수 있다는 자기계발서는 물론 다양한 분야의 수많은 책도 읽었다. 또한 우리가 어디에서 왔는지, 우리를 둘러싼 세상에서 우리가 어떤 존재인지를 알기 위해, 우주와 천문학, 상대성이론과 양자역학도 탐독했다.

천 권이 넘는 책을 읽었고, 이 모든 것을 종합했을 때, 결국 인간의 행복이란 진실로 '마음의 평안'이라는 것을 깨달았다.

첫 번째로, 우리는 외부의 감각에 끊임없이 반응하며 혐오와 갈망을 만들어 낸다. 이것이 고통의 원인이었다. 모든 것은 자신의 마음에 의해 만들어지며, 고통의 진짜 원인은 마음의 반응이다. 마음의 고요를 만들 수 있다면, 어떤 것도 자신을 괴롭힐 수 없다. 이는 마음의 습관이며, 그것을 바꿔야만 행복의 문을 열 수 있다. 스트레스와 고통으로부터 자신을 지킬 수 있다면 인간은 무엇이든 만들어 낼 수 있는 힘이 있기 때문이다.

두 번째로, 인간은 감정의 동물이며, 감정이 곧 행동이라는 것을 깨달았다. 세상을 움직이는 건 명확히 감정이다. 사람을 움직이는 것도, 나 자신을 움직이는 것도 명확히 감정이다. 좋은 생각과 좋은 행동을 만들 수 있는 힘도 명확히 감정이다. 우리가 인생에서 하는 모든 일도 행동을 통해 다양한 감정을 느끼기 위함이다. 지금 우리의 머릿속은 온통 감정이 지배하고 있다는 것을 이해해야 한다. 따라서 감정이 만들어지지 않으면 우리는 절대로 행동하지 못한다. 우리가 게으른 것도 폭발적인 힘을 발휘할 수 있는 것도 모두 감정 상태에 달려있다. 이것의 의미는 원하는 감정을 만들 수 있는지가 인생의 성공을 좌우한다는 말이다. 이것은 너무나도 중요하지만 제대로 집중받지 못하고 있다. 감정을 볼 줄 아는 자가 인생을 바꿀 수 있다.

세 번째로, 감정이 만든 '정체성'이 나의 모습이라는 것이다. 정체성도 감정에서 출발한다. 감정이 가치관을 만들고, 가치관에 믿음이 더해지면 나의 정체성이 형성된다. 우리는 이를 바탕으로 세상을 바라본다. 가치관은 한 번 만들어지면 이성에 의해서는 바뀌지 않고, 오직 '감정적 경험'으로 바뀔 수 있다. 감정이 변해야 하는 것이다. 정체성은 한 번 형성되면 잘 바뀌지 않고, 계속 그대로의 삶을 반복해 나간다. 이 때문에 우리는 변화하지 못하고, 매번 비슷한 패턴을 반복하는 것이다. 자신의 정체성이 자신도 모르게 모든 삶을 규정하고 있기 때문이다. 따라서 자신의 정체성이 무엇인지를 깨달아야 자신의 행동을 이해할 수 있다.

 네 번째로, 위의 모든 것은 뇌의 작용이며 우리는 뇌를 바꿀 수 있는 능력이 있다는 것이다. 그렇게도 많은 뇌과학자가 인간 진화를 이야기한다. 그것의 의미는 인간은 더 많은 능력이 있으며, 실제로 그것을 사용할 수 있다는 명확한 과학적 증명이 있다는 뜻이다. 자신의 능력을 개발하고, 자신의 인생을 행복하게 바꾸는 열쇠가 뇌 안에 있는 것이다. 우리 뇌의 능력은 무궁무진하다. 우리는 뇌의 연결을 새롭게 하고 진화적 생명체로 거듭날 수 있다.

 그제야 비로소 내가 무엇을 해야 하는지 깨달았다.

 이 네 가지 안에는 우리가 원하는 인생과 행복의 비밀이 담겨 있었다. 세상의 스트레스에 맞서 싸우기 위해, 그리고 20년 만에 깨달은 이야기를 하기 위해, 직장을 그만두고 글을 쓰기 시작했다. 많은 사람에게 자신의 마음과 감정을 마주하는 방법을 소개하고, 행복한 삶을 만들 수 있도록 돕고 싶어졌다.
 세상이 행복하지 않은 건 자신의 감정을 관리할 줄 몰라서, 그래서 스트레스에 매번 농락당하기 때문이다. 감정을 만들 줄 몰라서 열정을 지속시키지도 못하고 시간을 낭비하기 때문이다.

사람들은 행복을 위해 더 이상 엉망진창인 자신의 기분을 방치하지 않아야 한다. 더 이상 스스로를 괴롭히지 않아야 한다. 그래서 감정을 제어하고, 집중하지 못하는 자신을 바꿔 행동할 수 있도록 만들어야 한다. 그것만이 의미 있는 인생을 만들 수 있다.

나는 세상을 바꾸려 하지 않는다.
나는 사람들이 자신을 바꿀 수 있게 도와준다.

그들이 자신의 감정을 통제하고
자신만의 라이프 스타일을 찾아가면
세상을 대하는 방식을 바꿀 것이다.

그들의 감정이 바뀌면
그들이 만들어가는 세상이 바뀐다.

나는 그렇게 세상을 바꾼다.

이제는 내가 아닌 우리가 함께해야 할 일이다. 우리가 해야 할 일은 세상의 감정을 변화시키는 일이다.

참고 문헌

로버트 그린, 안진환·이수경 역, 『전쟁의 기술』, 웅진지식하우스, 2007.
팀 그로버, 샤리 웽크, 서종기 역, 『멘털리티』, 푸른숲, 2022.
유발 하라리, 조현욱 역, 『사피엔스』, 김영사, 2015.
유발 하라리, 김명주 역, 『호모 데우스』, 김영사, 2017.
유발 하라리, 전병근 역, 『21세기를 위한 21가지 제언』, 김영사, 2018.
마크 맨슨, 한재호 역, 『신경 끄기의 기술』, 갤리온, 2017.
마크 맨슨, 한재호 역, 『희망 버리기 기술』, 갤리온, 2019.
할 엘로드, 김현수 역, 『미라클 모닝』, 한빛비즈, 2016.
더글라스 밴 프랫, 권혜숙 역, 『95%의 법칙』, 엑스오북스, 2015.
마틴 린드스트롬, 최원식 역, 『오감 브랜딩』, 랜덤하우스코리아, 2006.
EBS 자본주의 제작팀, 『자본주의』, 가나출판사, 2013.
전옥표, 『이기는 습관』, 쌤앤파커스, 2007.
김정진, 『독서불패』, 자유로, 2005.
이해성, 『1등의 독서법』, 미다스북스, 2020.
매리언 울프, 전병근 역, 『다시 책으로』, 어크로스, 2019.
닉 채터, 김문주 역, 『생각한다는 착각』, 웨일북스, 2021.
사이토 다카시, 김효진 역, 『독서는 절대 나를 배신하지 않는다』, 걷는나무, 2015.
로버트 기요사키, 형선호 역, 『부자 아빠 가난한 아빠 1』, 민음사, 2000.
조이 이토, 제프 하우, 이지연 역, 『나인』, 민음사, 2017.
조 디스펜자, 김재일·윤혜영 역, 『꿈을 이룬 사람들의 뇌』, 한언, 2022.
질 볼트 테일러, 진영인 역, 『나를 알고 싶을 때 뇌과학을 공부합니다』, 월북, 2022.
질 볼트 테일러, 장호연 역, 『나는 내가 죽었다고 생각했습니다』, 월북, 2019.
『뇌와 마음의 구조』, ㈜뉴턴코리아, 2010.

『뇌와 뉴런』, ㈜아이뉴턴, 2022.

다니엘 G. 에이멘, 윤미나 역, 『뇌는 늙지 않는다』, 브레인월드, 2015.

크리스 코트먼·해롤드 시니츠키, 곽성혜 역, 『감정을 선택하라』, 유노북스, 2016.

알렉산더 로이드·벤 존슨, 이문영 역, 『힐링 코드』, 시공사, 2011.

마크 월린, 정지인 역, 『트라우마는 어떻게 유전되는가』, 심심, 2016.

스티븐 S. 일라디, 채은진 역, 『나는 원래 행복하다』, 말글빛냄, 2012.

로렌 헨델 젠더, 김인수 역, 『어떻게 나로 살 것인가』, 다산북스, 2018.

영주, 『며느리 사표』, 사이행성, 2018.

노먼 도이지, 김미선 역, 『기적을 부르는 뇌』, 지호, 2008.

빌 비숍, 안진환 역, 『핑크 펭귄』, 스노우폭스북스, 2021.

알 리스·잭 트라우트, 이수정 역, 『마케팅 불변의 법칙』, 비즈니스맵, 2008.

피터 틸, 이지연 역, 『제로 투 원』, 한국경제신문, 2014.

마틴 베레가드·조던 밀른, 김인수 역, 『스마트한 성공들』, 걷는나무, 2014.

프랭크 베트거, 최염순 역, 『실패에서 성공으로』, 씨앗을뿌리는사람, 2007.

브렌든 버처드, 위선주 역, 『백만장자 메신저』, 리더스북, 2018.

앨빈 토플러, 김중웅 역, 『부의 미래』, 청림출판, 2006.

셸리 케이건, 박세연 역, 『죽음이란 무엇인가』, 엘도라도, 2014.

케빈 캐리, 공지만 역, 『대학의 미래』, 지식의날개, 2016.

와카스 마에드, 이주만 역, 『폴리매스』, 안드로메디안, 2021.

리치 칼가아드, 엄성수 역, 『레이트 블루머』, 한국경제신문, 2021.

베르나르 베르베르, 이세욱 역, 『신 2』, 열린책들, 2011.

클라우스 슈밥 외, 김진희 외 역, 『4차 산업혁명의 충격』, 흐름출판, 2016.

박상미, 『마음아 넌 누구니』, 한국경제신문, 2018.

리처드 도킨스, 홍영남·이상임 역, 『이기적 유전자』, 을유문화사, 2018.

칼 세이건, 홍승수 역, 『코스모스』, 사이언스북스, 2006.

칩 히스·댄 히스, 안진환·박슬라 역, 『스틱』, 웅진윙스, 2007.

앤절라 더크워스, 김미정 역, 『그릿』, 비즈니스북스, 2016.

제임스 클리어, 이한이 역, 『아주 작은 습관의 힘』, 비즈니스북스, 2019.

요한 하리, 김하현 역, 『도둑맞은 집중력』, 어크로스, 2022.

위리엄 하트, 담마코리아 역, 『고엔카의 위빳사나 명상』, 김영사, 2017.

앤디 퍼디컴, 안진환 역, 『당신의 삶에 명상이 필요할 때』, 스노우폭스, 2021.

사이먼 시넥, 윤례리 역, 『스타트 위드 와이』, ㈜세계사컨텐츠그룹, 2021.

멜 로빈스, 정미화 역, 『5초의 법칙』, 한빛비즈, 2017.

대니얼 골먼·리처드 데이비드슨, 김완두·김은미 역, 『명상하는 뇌』, 김영사, 2022.

S.N고엔카, 담마코리아 역, 『많은 사람의 이로움을 위하여』, 위빳사나연구소, 2020.